plurall

CB136200

Parabéns!
Agora você faz parte do **Plurall**, a plataforma digital do seu livro didático!
Acesse e conheça todos os recursos e funcionalidades disponíveis para as suas aulas digitais.

Baixe o aplicativo do **Plurall** para Android e IOS ou acesse **www.plurall.net** e cadastre-se utilizando o seu código de acesso exclusivo:

AASF88D7M

Este é o seu código de acesso Plurall.
Cadastre-se e ative-o para ter acesso aos conteúdos relacionados a esta obra.

WILLIAM ROBERTO CEREJA

Professor graduado em Português e Linguística e licenciado em Português pela Universidade de São Paulo (USP)

Mestre em Teoria Literária pela Universidade de São Paulo (USP)

Doutor em Linguística Aplicada e Análise do Discurso pela PUC-SP

Professor da rede particular de ensino em São Paulo, capital

CAROLINA DIAS VIANNA

Professora graduada e licenciada em Português pela Universidade Estadual de Campinas (Unicamp)

Mestra em Linguística Aplicada pela Universidade Estadual de Campinas (Unicamp)

Doutora em Linguística Aplicada pela Universidade Estadual de Campinas (Unicamp)

Professora das redes pública e particular de ensino nos Estados de São Paulo e Minas Gerais

Gramática Reflexiva

6

Ensino Fundamental
Anos Finais

Atual Editora

Atual Editora

Presidência: Guilherme Alves Melega

Vice-presidência de educação digital: Camila Montero Vaz Cardoso

Direção editorial: Lidiane Vivaldini Olo

Gerência de conteúdo e design educacional: Julio Cesar Augustus de Paula Santos

Gestão e coordenação de área: Renato Luiz Tresolavy

Edição: Paula Junqueira e Ingrid Favoretto Falcão

Aprendizagem digital: Renata Galdino (ger.), Beatriz de Almeida Pinto Rodrigues da Costa (coord. Experiência de Aprendizagem), Carla Isabel Ferreira Reis (coord. Produção Multimídia), Daniella dos Santos Di Nubila (coord. Produção Digital), Rogerio Fabio Alves (coord. Publicação)

Planejamento e controle de produção: Flávio Matuguma (ger.), Juliana Batista (coord.), Renata Caroline de Oliveira Mendes (analista) e Jayne Ruas (analista)

Revisão: Letícia Pieroni (coord.), Aline Cristina Vieira, Anna Clara Razvickas, Carla Bertinato, Daniela Lima, Danielle Modesto, Diego Carbone, Elane Vicente, Kátia S. Lopes Godoi, Lilian M. Kumai, Luíza de Almeida T. Gonçalves, Malvina Tomáz, Marília H. Lima, Paula Freire, Paula Rubia Baltazar, Paula Teixeira, Raquel A. Taveira, Ricardo Miyake, Shirley Figueiredo Ayres, Tayra Alfonso e Thaise Rodrigues

Arte: Fernanda Costa da Silva (ger.), Kleber de Messas (líder de projeto) e Carlos Roberto de Oliveira (edição de arte)

Diagramação: Arte4 Produção Editorial

Iconografia e tratamento de imagem: Roberta Bento (ger.), Iron Mantovanello Oliveira, Thaisi Albarracin Lima e Cristina Akisino (pesquisa iconográfica), Fernanda Crevin (tratamento de imagens)

Licenciamento de conteúdos de terceiros: Roberta Bento (ger.), Jenis Oh (coord.), Liliane Rodrigues, Raísa Maris Reina, Sueli Ferreira e Cristina Akisino (analistas de licenciamento)

Ilustrações: Biry Sarkis, Filipe Rocha e Jean Galvão

Cartografia: Eric Fuzii (coord.) e Robson Rosendo da Rocha

Design: Erik Taketa (coord.) e Gustavo Vanini (proj. gráfico e capa)

Foto de capa: Freepik

Avenida Paulista, 901, 6º andar – Bela Vista
São Paulo – SP – CEP 01310-200
http://www.somoseducacao.com.br

Dados Internacionais de Catalogação na Publicação (CIP)

Cereja, William Roberto
Gramática reflexiva 6 : ensino fundamental : anos finais / William Roberto Cereja, Carolina Dias Vianna. -- 6. ed. -- São Paulo : Atual Editora, 2024.

Bibliografia
ISBN 978-65-5945-127-2 (aluno)
ISBN 978-65-5945-131-9 (professor)

1. Língua portuguesa - Gramática (Ensino Fundamental) I. Título II. Vianna, Carolina Assis Dias

23-1390 CDD 372.61

Angélica Ilacqua – Bibliotecária – CRB-8/7057

2024

6ª edição
1ª impressão
CAE 820955 (aluno)
CAE 820966 (professor)
ISBN 978-65-5945-127-2 (aluno)
ISBN 978-65-5945-131-9 (professor)
De acordo com a BNCC.

Dados Internacionais de Catalogação na Publicação (CIP)

Cereja, William Roberto
Gramática reflexiva 6 [livro eletrônico] : ensino fundamental : anos finais / William Roberto Cereja, Carolina Dias Vianna. -- 6. ed. -- São Paulo : Atual Editora, 2024.
PDF

Bibliografia
ISBN 978-65-5945-145-6 (aluno)
ISBN 978-65-5945-150-0 (professor)

1. Língua portuguesa - Gramática (Ensino Fundamental) I. Título II. Vianna, Carolina Assis Dias

23-1394 CDD 372.61

Angélica Ilacqua – Bibliotecária – CRB-8/7057

2024

Impressão e acabamento: Bercrom Gráfica e Editora

Uma publicação SOMOS EDUCAÇÃO

APRESENTAÇÃO

Caro estudante,

Esta gramática foi escrita para você, falante da língua portuguesa. Para você que interage com outras pessoas, expressando suas opiniões, seus desejos, seus sentimentos e suas ideias.

Para você que se surpreende com os inúmeros significados de uma palavra ou expressão.

Para você que, mesmo diante de um texto difícil, não desiste de tentar compreendê-lo.

Para você que se diverte com palavras, expressões e frases de duplo sentido.

Para você que tem sempre, na ponta da língua, estas perguntas: "O que isso significa?", "Por quê?".

Para você que gosta de ler e de escrever.

Para você que gosta de falar e de ouvir, trocando ideias.

Para você que se liga num anúncio publicitário, num meme e em textos criativos no geral, que "jogam" com a linguagem.

Para você que, dependendo da situação, sabe usar tanto uma linguagem descontraída e informal quanto uma linguagem formal, de acordo com a norma-padrão da língua.

Para você que transita entre textos de variados gêneros: didáticos, instrucionais, publicitários, jornalísticos, literários, científicos, etc.

Para você que sabe que o sentido de um texto não é construído apenas pelo que é dito, mas também pelo que não é dito e pelo contexto em que se diz.

Enfim, esta gramática foi escrita para ajudar você a aprimorar sua capacidade de uso da língua portuguesa e, assim, tornar-se mais hábil em suas interações com o mundo, seja lendo, seja produzindo textos, orais ou escritos.

Um abraço,
Os Autores.

A um amigo.

Agradecimentos

Agradecemos o empenho e o cuidado de toda a equipe editorial — Renato Luiz Tresolavy, Paula Carolina C. Junqueira e Ingrid Favoretto Falcão — e a primorosa pesquisa iconográfica de Cristina Akisino.

Os Autores.

SUMÁRIO

CAPÍTULO 1

Biry Sarkis/Acervo da editora

CAPÍTULO 2

Jean Galvão/Acervo da editora

CAPÍTULO 3

Jean Galvão/Acervo da editora

CAPÍTULO 4

Filipe Rocha/Acervo da editora

CAPÍTULO 5

Biry Sarkis/Acervo da editora

CAPÍTULO 6

CAPÍTULO 7

CAPÍTULO 8

Biry Sarkis/Acervo da editora

CAPÍTULO 9

Jean Galvão/Acervo da editora

CAPÍTULO 10

· CAPÍTULO · 1

Linguagem: ação e interação

Construindo o conceito

Leia estes quadrinhos do cartunista argentino Nik:

(*Gaturro 32*. Buenos Aires: Ediciones de la Flor, 2019. p. 38. Tradução livre dos autores.)

1. Para que Gateen usa o celular? Responda de forma resumida.

2. Por que Gaturro ficou intrigado com a resposta dada por Gateen à primeira pergunta que fez a ela?

3. O que Gateen acha de usar o celular para falar?

4. E você, também pensa como ela?

5. Gaturro e Gateen estão se comunicando por meio da linguagem verbal, isto é, por meio de palavras. Quando Gateen acessa as redes sociais e as plataformas da internet, ela se comunica com outras pessoas apenas utilizando a linguagem verbal? Se não, que outros recursos existem na internet?

6. Quais foram os recursos que Nik, o autor dos quadrinhos, utilizou para se comunicar com os leitores?

Conceituando

Os quadrinhos de Nik retratam uma situação de comunicação em que dois personagens interagem por meio da linguagem.

Linguagem é um processo comunicativo pelo qual as pessoas interagem entre si.

Existem diferentes tipos de linguagem. A fala, o gesto, o desenho, a pintura, a música, a dança, o código de trânsito, tudo isso é linguagem. Na **linguagem verbal**, a unidade básica é a palavra, falada ou escrita. Em **linguagens não verbais** — como a pintura, a música, a dança, o código Morse e os sinais de trânsito —, as unidades são de outro tipo, como o gesto, a nota musical, o movimento e a imagem. Há textos que combinam diferentes linguagens e são denominados **textos multimodais**, como a tira lida, que apresenta imagens e palavras.

Com o desenvolvimento de novas tecnologias, surgiu a **linguagem digital**, que, valendo-se da combinação de números, permite armazenar e transmitir informações em meios eletrônicos.

Interlocutores: parceiros na interação

Além de permitir a interação, a linguagem é uma forma de ação sobre o nosso interlocutor, isto é, a pessoa com quem nos comunicamos, pois sempre esperamos dele uma resposta, seja quando efetivamente lhe pedimos que nos responda a uma pergunta, seja quando lhe pedimos que faça algo, que reflita sobre algum problema, etc.

Para que haja sucesso na comunicação, é necessário que ambos os interlocutores dominem a linguagem em uso e participem solidariamente da construção do texto ou enunciado.

Interlocutores são as pessoas que participam do processo de interação por meio da linguagem.

Aquele que produz a linguagem — isto é, que fala, que pinta, que compõe uma música, que dança, que escreve um texto — é chamado **enunciador** ou **locutor**, e aquele a quem a linguagem se dirige é chamado **enunciatário** ou **locutário** ou, ainda, **destinatário**. O conjunto das frases trocadas entre os interlocutores é chamado **enunciado**. Ele pode ser um diálogo, uma carta, um anúncio publicitário, uma exposição oral, etc.

Se considerarmos apenas o plano ficcional dos dois personagens da tira, o diálogo que eles travam forma o enunciado verbal. Porém, se considerarmos que Nik é o enunciador dos quadrinhos (o texto) e que os leitores são os enunciatários, então a tira como um todo é o enunciado.

Exercícios

Leia o texto de campanha a seguir:

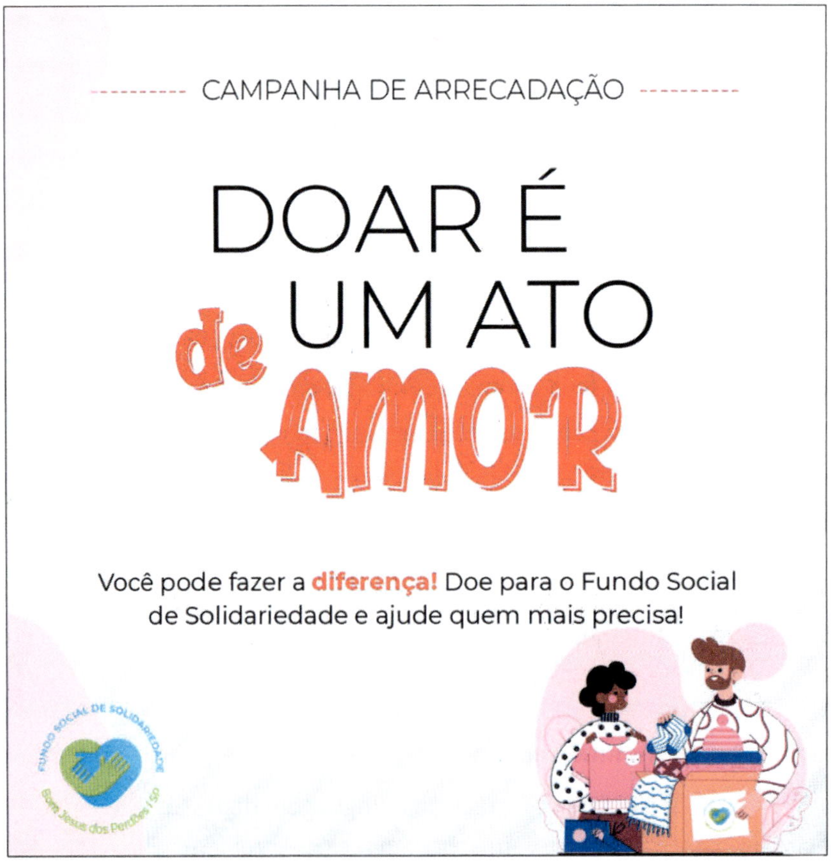

Reprodução/Prefeitura Municipal Bom Jesus dos Perdões, SP.

(Disponível em: https://www.bjperdoes.sp.gov.br/noticia/741/campanha-de-arrecadacao-doar-e-um-ato-de-amor/. Acesso em: 5/12/2022.)

1. Considere os interlocutores do texto.

a) Quem é o locutor, isto é, quem produziu o texto?

b) A quem ele se dirige?

c) Qual é a finalidade do texto?

d) Que linguagens foram utilizadas para constituir o texto?

2. Em textos de campanha e anúncios publicitários, é comum haver um logotipo que identifica os responsáveis por eles. Observe, no canto inferior esquerdo do cartaz, o logotipo da entidade responsável pelo texto.

a) Como é o desenho desse logotipo?

b) Que relação há entre esse desenho e o conteúdo da linguagem verbal?

3. O texto também utiliza a cor das letras como recurso para construir sentido. Que efeito de sentido é criado pelo emprego da cor vermelha na expressão "de amor" e na palavra **diferença**?

4. Os desenhos também colaboram para a construção de sentido? Qual é a função deles no cartaz em estudo?

5. Leia os textos a seguir e identifique a linguagem que cada um utiliza: verbal, não verbal ou as duas simultaneamente.

a)

Duke/Acervo do cartunista

(Disponível em: https://cartunistasolda.com.br/duke-18/. Acesso em: 5/12/2022.)

b) — Pai, se eu apagar a luz, você consegue assinar o seu nome?

— Claro que sim, meu filho.

Depois de apagar a luz:

— Então assina aqui o meu boletim da escola, pai.

(*In*: Paulo Tadeu. *Proibido para maiores — As melhores piadas para crianças*. 6. ed. São Paulo: Matrix, 2007. p. 31.)

c)

Reprodução/Pinacoteca do Estado de São Paulo, São Paulo, SP

> *Caipira picando fumo*, de Almeida Jr. (1893).

As linguagens verbal e não verbal NA CONSTRUÇÃO DO TEXTO

Observe este cartum, de Quino:

©Joaquín S. Lavado Tejón (QUINO), HUMANOS NASCEMOS/Fotoarena

(*Humanos nascemos*. São Paulo: Martins Fontes, 2010. p. 54.)

1. Cartum é uma espécie de anedota visual, que pode fazer uso apenas da linguagem não verbal ou da linguagem multimodal. Considerando o cartum um enunciado, responda:

a) Quem são os interlocutores desse enunciado?

____

b) Que linguagem é utilizada no cartum?

____

2. O cartum é dividido em duas partes.

a) O que se vê na parte superior?

____

b) E o que se vê na parte inferior?

____

3. Levante hipóteses: Que tipo de evento o cartum parece retratar? Justifique sua resposta.

4. Na parte inferior do cartum, uma voz diz: "— Essa não! Demagogia pra cima da gente, não!". Leia os sentidos da palavra **demagogia** no dicionário.

> *s.f.* **1** POL hegemonia política das facções populares **2** POL *pej.* poder de natureza tirânica ou imoral exercido em nome das multidões **3** POL *pej.* ação que se utiliza do apoio popular para conquista ambiciosa ou corrupta de poder **3.1** POL *pej.* o discurso us. para esta finalidade **4** *p.ext. pej.* ação ou discurso que simula virtude com objetivos escusos
>
> (*Dicionário eletrônico Houaiss da língua portuguesa 1.0.*)

a) Com qual dos sentidos indicados pelo verbete do dicionário a palavra foi empregada?

b) Por que os cães acham que o pássaro está sendo demagógico? Que palavra ou expressão do texto comprova sua resposta?

c) Que outra palavra ou expressão deveria ter sido usada pelo pássaro para que seu discurso parecesse mais autêntico?

5. Observe, no verbete, que os sentidos da palavra **demagogia** estão, na maioria, relacionados com determinado setor das atividades humanas. Qual é ele?

6. Muitos cartuns, mesmo quando não retratam seres humanos, podem se referir a eles indiretamente para ironizá-los ou criticá-los. Supondo que o cartum retrate a vida social dos seres humanos, responda:

a) Quem o pássaro representa? ___

b) E quem os cães representam? ___

c) O que seria um discurso demagógico, no contexto dos seres humanos? ___

___

___

SEMÂNTICA E DISCURSO

Leia o texto de campanha a seguir:

(Disponível em: https://www.kawek.net/agapito-230601. Acesso em: 29/8/2022.)

1. Agora, responda:

a) Como se caracteriza a linguagem do texto?

b) Quem é o locutor ou o responsável por essa publicação?

c) A quem o texto se dirige?

d) Qual é o tema central do texto?

e) Qual é a finalidade do texto?

2. Observe agora a parte visual do texto.

a) O que a imagem central retrata?

b) Por que essa imagem é predominantemente preta e branca?

3. No alto do texto, lê-se a frase "Pensar no futuro é agir agora!", que apresenta oposições de ideias.

a) Identifique as oposições de ideias presentes nessa frase.

b) Explique a relação de causa e efeito que há nessa frase.

4. Observe que, na parte de baixo da fotografia, há uma flor, que é o único elemento colorido da imagem.

a) Descreva essa flor.

b) O que essa flor pode representar nesse contexto?

5. No enunciado verbal, as letras da palavra **ilegal** têm um tom avermelhado. Explique a relação dessa cor com a foto e o conteúdo do texto de campanha.

6. O texto sugere "agir agora", mas não deixa claro de que modo isso pode ser feito. Troque ideias com os colegas e responda: Que ações estão implícitas no texto?

Você já leu neste capítulo um quadrinho do Gaturro, personagem criado pelo cartunista argentino Nik. Gaturro nutre uma paixão pela gatinha Ágata, que não quer saber dele. Veja o cartum abaixo, no qual aparecem esses dois personagens.

(*Gaturro a lo grande*. Buenos Aires: Catapulta, 2009. p. 48.)

7. Que tipos de linguagem são utilizados no cartum?

8. Gaturro e Ágata estão no telhado de uma casa. Acima deles, há um coração em cujo centro há uma imagem com palavras escritas em inglês. Troque ideias com os colegas e o professor para responder às questões a seguir. Se julgar necessário, consulte um dicionário inglês-português.

a) Observe que a figura dentro do coração lembra um mostrador de tanque de combustível de veículos. Que combustível é esse? Justifique sua resposta.

b) Pela posição do ponteiro, o que é possível deduzir: O tanque do veículo está vazio ou cheio? Por quê?

9. Observe a fala de Gaturro e associe-a ao coração e ao mostrador.

a) O que a primavera representa para os animais?

b) Quando entrega a chave e diz "Cheio, por favor...", que intenção Gaturro revela ter?

O texto, o parágrafo, a frase

Leia um trecho de uma crônica de Carlos Drummond de Andrade:

Caso de secretária

Foi trombudo para o escritório. Era dia de seu aniversário, e a esposa nem sequer o abraçara, não fizera a mínima alusão à data. As crianças também tinham se esquecido. Então era assim que a família o tratava? Ele que vivia para os seus, que se arrebentava de trabalhar, não merecer um beijo, uma palavra ao menos!

Mas, no escritório, havia flores à sua espera, sobre a mesa. Havia o sorriso e o abraço da secretária, que poderia muito bem ter ignorado o aniversário, e entretanto o lembrara. Era mais do que uma auxiliar, atenta, experimentada e eficiente, pé de boi da firma, como até então a considerara; era um coração amigo.

Biry Sarkis/Acervo da editora

Passada a surpresa, sentiu-se ainda mais borocoxô: o carinho da secretária não curava, abria mais a ferida. Pois então uma estranha se lembrava dele com tais requintes, e a mulher e os filhos, nada? Baixou a cabeça, ficou rodando o lápis entre os dedos, sem gosto para viver.

Durante o dia, a secretária redobrou de atenções. Parecia querer consolá-lo, como se medisse toda a sua solidão moral, o seu abandono. Sorria, tinha palavras amáveis, e o ditado da correspondência foi entremeado de suaves brincadeiras da parte dela.

— O senhor vai comemorar em casa ou numa boate?

Engasgado, confessou-lhe que em parte nenhuma. Fazer anos é uma droga, ninguém gostava dele neste mundo, iria rodar por aí à noite, solitário, como o lobo da estepe.

[...]

(*Cadeira de balanço*. 18. ed. Rio de Janeiro: Record, 1993. p. 27-28.)

1. A crônica narra um dia diferente na vida de um personagem.

a) Por que esse dia era diferente?

b) Por que ele foi "trombudo" para o escritório?

2. O segundo parágrafo do texto estabelece oposição em relação às ideias desenvolvidas no primeiro parágrafo.

a) Que palavra introduz, explicitamente, a ideia de oposição?

b) Por que as ideias do segundo parágrafo se contrapõem às do primeiro?

3. Releia estes trechos do texto:

- "Foi **trombudo** para o escritório."
- "Era mais do que uma auxiliar, atenta, experimentada e eficiente, **pé de boi** da firma [...]."
- "Passada a surpresa, sentiu-se ainda mais **borocoxô**: o carinho da secretária não curava, abria mais a ferida."

a) Qual é o sentido das palavras destacadas em seus respectivos contextos?

b) O emprego dessas palavras revela o uso de uma linguagem mais formal e sofisticada ou uma linguagem informal e cotidiana?

c) Por que, segundo o texto, a atenção da secretária "abria mais a ferida"?

4. A crônica de Carlos Drummond de Andrade apresenta unidade de sentido e, por isso, pode ser considerada um texto. Levante hipóteses: Como você acha que vai terminar essa história? Conte aos colegas.

____

____

____

5. O texto está organizado em partes menores, chamadas **parágrafos**.

a) Quantos parágrafos há no trecho transcrito do texto?

____

b) Como se indica formalmente o parágrafo no texto?

____

____

6. Em textos narrativos, como a crônica em estudo, é comum haver mudança de parágrafo quando acontece um deslocamento (mudança) no tempo ou no espaço, ou quando se inicia um conjunto de ações diferentes, ou quando se introduz a fala de um personagem. Releia os parágrafos da crônica e associe as colunas a seguir, indicando os motivos das mudanças de parágrafos.

a) deslocamento espacial	☐	do 1º para o 2º parágrafo
b) deslocamento temporal	☐	do 2º para o 3º parágrafo
c) conjunto de ações diferentes	☐	do 3º para o 4º parágrafo
d) introdução da fala de personagem	☐	do 4º para o 5º parágrafo
e) retomada da narrativa após a fala de personagem	☐	do 5º para o 6º parágrafo

A narrativa lida é um longo enunciado verbal, resultante de um processo comunicativo a que chamamos texto.

Texto é o produto de um processo comunicativo que apresenta unidade de sentido.

Como você observou, um texto pode ser dividido em partes menores, os **parágrafos**. Cada parágrafo contém um conjunto de ideias e pode ser dividido em unidades ainda menores, as **frases**. Enquanto o parágrafo é um conjunto de ideias, a frase é a expressão de cada uma dessas ideias.

Parágrafo é uma parte do texto que reúne um conjunto de ideias.

Frase é uma expressão verbal de sentido completo delimitada pelo ponto.

Na escrita, a frase começa com letra maiúscula e termina com ponto. Na fala, a frase é demarcada pela entonação, isto é, por um tom de voz que expressa a intenção de quem fala. Veja os exemplos:

- **"As crianças também tinham se esquecido."**
- **" — O senhor vai comemorar em casa ou numa boate?"**

Exercícios

Leia o conto maravilhoso a seguir. Observe que o texto foi transcrito sem a divisão de parágrafos propositalmente.

Um fazendeiro tinha um cavalo que lhe havia servido muito fielmente, mas que agora estava velho demais para trabalhar. Por isso o fazendeiro não queria mais lhe dar de comer e disse, "Não quero mais saber de você, caia fora do meu estábulo; não o receberei de volta até que esteja mais forte que um leão". E assim dizendo, abriu a porta e mandou-o embora. O pobre cavalo ficou muito triste e errou para um lado e para o outro pela floresta à procura de um pequeno abrigo contra o vento frio e a chuva. Foi então que uma raposa o encontrou, "Qual é o problema, meu amigo?", disse ela. "Por que está de cabeça baixa e parece tão solitário e triste?" "Ah!", replicou o cavalo, "justiça e avareza nunca convivem numa casa. Meu amo esqueceu-se de tudo que fiz por ele durante tantos anos, e como não posso mais trabalhar, mandou-me embora dizendo que a menos que eu fique mais forte do que um leão, ele não me receberá de volta. Que chance posso ter de que isso aconteça? Ele sabe que nenhuma, senão, não teria falado assim." A raposa, porém, o encorajou dizendo: "Eu vou ajudá-lo; deite-se ali e fique esticado como se estivesse morto". O cavalo fez como lhe dizia e a raposa foi diretamente até o leão, que vivia numa caverna perto dali, e lhe disse, "Perto daqui tem um cavalo morto; venha comigo e poderá fazer uma ótima refeição de sua carcaça". O leão ficou muito contente e partiu imediatamente, mas quando chegou junto do cavalo, a raposa disse, "Você não poderá comê-lo confortavelmente aqui; vou lhe dizer o que fazer — eu o amarrarei a sua cauda e então poderá arrastá-lo até a sua cova e comê-lo mais à vontade". O conselho agradou o leão, que se deitou calmamente para a raposa amarrá-lo ao cavalo. Mas a raposa deu um jeito de amarrar as pernas do leão uma nas outras e prendê-lo com tanta firmeza que nem usando toda sua força ele conseguiu se libertar. Feito o serviço, a raposa deu um tapa no lombo do cavalo dizendo, "Eia! Pangaré! Eia!" Este então se levantou e saiu arrastando o leão atrás de si. A fera começou a rugir e bufar até todos os pássaros do bosque fugirem de medo, mas o cavalo deixou-o berrar e seguiu seu caminho pelos campos para a casa de seu amo. "Ei-lo aqui, amo", disse ele, "peguei o melhor deles." E quando o fazendeiro viu seu velho servo, seu coração amoleceu e ele disse, "Você vai ficar no estábulo e será bem cuidado". E assim o pobre cavalo velho teve fartura de comida e viveu — até morrer.

Biry Sarkis/Acervo da editora

(Irmãos Grimm. *Contos de fadas*. São Paulo: Iluminuras, 2001. p. 137-138.)

1. O texto apresenta, originalmente, cinco parágrafos.

a) Junte-se a um colega e analisem a sequência narrativa, buscando identificar as partes do texto que constituem parágrafos. Façam um traço para indicar as divisões de parágrafos.

b) Quando concluírem, troquem ideias com os colegas de outras duplas a respeito dos critérios que vocês utilizaram para indicar os inícios de parágrafos no texto e ouçam as indicações que eles fizeram. Juntos, decidam quais foram as melhores escolhas.

2. Com base na discussão do item **b** da questão anterior, responda:

a) O que justifica a divisão entre o primeiro e o segundo parágrafos?

b) E entre o segundo e o terceiro parágrafos?

c) E entre o terceiro e o quarto?

d) E entre o quarto e o quinto?

3. Pense em outra forma coerente de organizar o texto em parágrafos. Compartilhe sua ideia com a turma.

Tipos de frase

O texto é formado por parágrafos, e cada parágrafo é formado por frases delimitadas por ponto final ou por outros sinais, como o ponto de exclamação, o ponto de interrogação e as reticências.

Tradicionalmente, a gramática classifica as frases em quatro tipos:

- **interrogativa**: empregada para fazer uma pergunta:

  Choveu ontem à noite?

  Na escrita, é indicada por **ponto de interrogação**.

- **declarativa**: empregada para dar uma resposta, uma informação ou contar alguma coisa:

  Choveu durante toda a noite.

  Na escrita, é indicada por **ponto final**.

- **exclamativa**: empregada para expressar espanto, surpresa, emoção, admiração, alegria, etc.:

  Está chovendo! Vamos correr!

  Na escrita, é indicada por **ponto de exclamação**.

- **imperativa**: empregada para expressar uma ordem, um desejo, um pedido, uma orientação:

  Leve um guarda-chuva.

  Na escrita, é indicada por **ponto final** ou **ponto de exclamação**.

Embora haja esse tipo de classificação, para afirmar com segurança que uma frase é interrogativa, exclamativa, declarativa ou imperativa, é preciso considerar, além do sinal de pontuação, a situação em que ela foi produzida: **quem** fala, **com quem** fala, em que **momento** e **lugar**, com que **intenção**, etc.

A frase "A janela está aberta", por exemplo, é declarativa, mas, dependendo da situação em que for empregada, pode ter outro sentido e classificação. Suponha que mãe e filha estejam assistindo à TV. De repente, entra um vento gelado e a mãe faz essa afirmação. A filha se levanta e fecha a janela. Ela entendeu a frase como imperativa, ou seja, com o sentido de "Feche a janela! Está frio!".

Reforço na fala

Na fala, muitas frases interrogativas contêm expressões de reforço, como **né**, **não é**, **tá**, **está bem**, **certo**, **hein, viu**, e palavras ou expressões repetidas. Na escrita, essas expressões se apresentam antecedidas por vírgula ou entre vírgulas.

Observe como exemplo o emprego da palavra **né** no 3º quadrinho da tira:

(Ziraldo. *O Menino Maluquinho 1 — As melhores tiras*. Porto Alegre: L&PM,1995. p. 3.)

Exercícios

Leia a tira a seguir, com o personagem Armandinho, e responda às questões 1 a 3.

(Disponível em: https://tirasarmandinho.tumblr.com/. Acesso em: 7/6/2019.)

1. A palavra **procurador** foi empregada na tira de modo ambíguo, ou seja, com mais de um sentido.

a) Consulte no dicionário a palavra **procurador**. Que sentidos essa palavra apresenta?

b) Qual é o sentido da palavra para Fê, a amiga de Armandinho?

c) Fê parece acreditar em Armandinho?

d) Qual é o sentido de **procurador** para Armandinho?

2. Qual estratégia é usada no último quadrinho para revelar o sentido atribuído à palavra **procurador** pelo garoto?

3. Ao final de cada frase, na tira, falta um sinal de pontuação. Leia as falas dos personagens, considerando cada situação.

a) Reescreva as frases, empregando o sinal de pontuação adequado.

b) Classifique as frases que você pontuou.

4. Há, a seguir, alguns diálogos soltos, isto é, não inseridos em situações de comunicação. Imaginando a situação de cada um dos diálogos, leia-os em voz alta, usando a entonação adequada.

Diálogo 1

Mãe — Que bagunça! Vá já limpar as paredes!

Filho — Mãe, você não entende minha arte.

Diálogo 2

Amigo — Vamos jogar bola?

Amiga — Ai! Que preguiça!

Jean Galvão/Acervo da editora

Diálogo 3

Chefe — O relatório não está na minha mesa.

Empregado — Estou levando agora mesmo para a senhora, chefe!

DE OLHO NA escrita

G ou J?

Você já imaginou como era a alimentação na Roma antiga? Leia o texto a seguir:

Na Roma Antiga

A comida era muito simples: vegetais e frutas. Os romanos gostavam de alho, cebola, nabo, figos, romãs, laranjas, peras, maçãs e uvas. O prato do dia a dia era um mingau de água e cevada. Uma versão mais sofisticada levava vinho e miolos de animais. Outra, a *puls punica*, continha queijo, mel e uma gema de ovo. Só os ricos comiam carne, geralmente de carneiro, burro, porco, ganso, frango, pato ou pombo. Alimentavam os porcos com figos para que sua carne ficasse perfumada e criavam gansos de maneira especial para com eles preparar patês. Faziam o mesmo com os frangos, alimentando-os com anis e outras especiarias.

Pensou que os romanos primitivos já eram vidrados em macarronada? Quando Roma foi fundada, no século VIII a.C., o povo não conhecia o trigo, cereal indispensável para a feitura da massa.

(Marcelo Duarte. *O guia dos curiosos*. São Paulo: Panda Books, 2015. p. 199.)

Jean Galvão/Acervo da editora

1. A respeito do texto, responda:

a) Qual era a base da alimentação da maioria das pessoas na Roma antiga?

____

b) Os alimentos dessa dieta são diferentes dos alimentos usados na famosa culinária romana de séculos depois?

____

c) Que diferença há entre a alimentação praticada na Roma antiga e a alimentação dos brasileiros hoje em dia?

____

____

____

2. Observe a grafia destas palavras:

vegetais → vegetar, vegetação, vegetariano, vegetativo

Todas elas são da mesma família, pois apresentam em comum a partícula **veget-**.

a) Nessas palavras, há diferença quanto à grafia do som "gê" (/ʒ/)?

____

b) Que princípio ortográfico você deduz dessa observação?

____

____

____

3. Com base no princípio ortográfico que você deduziu, complete as palavras derivadas a seguir com **g** ou **j**.

a) **laranja** → laran_____eira, laran_____ada, laran_____al

b) **mensagem** → mensa_____eiro

c) **ágil** → a_____ilizar

d) **ajuda** → a_____udante

e) **gigante** → a_____igantar

VIAJEM OU VIAGEM?

Não confunda: **viajem** é a 3ª pessoa do plural do verbo **viajar** (que eles **viajem**), e **viagem** é substantivo.

Observe, na capa desta revista, que a palavra **viagem** é substantivo.

Agora, veja o emprego dessas duas palavras nestes exemplos:

- Eles planejam essa **viagem** há muitos anos.
- Façam um seguro, para que **viajem** com tranquilidade.

Reprodução/viagemeturismo.abril.com.br

As dúvidas sobre o emprego das letras **g** e **j** são comuns em nossa língua. Isso ocorre porque, antes de **e** e **i**, as duas letras representam o mesmo som, o fonema "gê" (/ʒ/), como em **gigante** e **jiló**.

Em caso de dúvida, convém consultar o dicionário. Algumas orientações ortográficas, porém, como a expressa pelo princípio que você deduziu na atividade anterior, podem nos ajudar a empregar adequadamente essas letras.

Emprega-se a letra **g**:

- nas palavras derivadas de outras que já apresentam **g**:

ferru**g**em → ferru**g**ento → ferru**g**inoso

- geralmente nas terminações **-agem**, **-igem**, **-ugem**:

ar**agem** vert**igem** ferr**ugem**

Exceções: pa**j**em, lambu**j**em.

- nas terminações **-ágio**, **-égio**, **-ígio**, **-ógio**, **-úgio**:

ped**ágio** r**égio** prest**ígio** rel**ógio** ref**úgio**

Iara Venanzi/Pulsar Imagens

Emprega-se a letra **j**:

- nas palavras de origem árabe, indígena ou africana:

alfor**j**e (árabe) bi**j**u (indígena) acara**j**é (africana)

- nos verbos terminados em **-jar** e em toda sua conjugação:

arran**jar** → arran**j**amos, arran**j**ou, arran**j**assem

- nas palavras derivadas de outras que já apresentam **j**:

cere**j**a → cere**j**eira lo**j**a → lo**j**ista

Tim UR/Shutterstock

- na terminação **-aje**:

la**je** tra**je**

Exercícios

1. Leia um trecho da letra da canção "Pra você guardei o amor", de Nando Reis:

> [...]
> Pra você guardei o amor
> Que sempre quis mostrar
> O amor que vive em mim vem visitar
> Sorrir, vem colorir solar
> Vem esquentar
> E permitir
>
> Quem acolher o que ele tem e traz
> Quem entender o que ele diz
> No giz do gesto o jeito pronto
> Do piscar dos cílios
> Que o convite do silêncio
> Exibe em cada olhar
>
> [...]

(*Drês*. Gravadora Universal Brasil, 2009.)

Jean Galvão/Acervo da editora

a) O amor do eu lírico por seu interlocutor é um sentimento preexistente ou surgiu ao conhecer a pessoa amada? Confirme sua resposta com um trecho da canção.

____

____

____

____

b) Na segunda estrofe, o verso "No giz do gesto o jeito pronto" apresenta uma aliteração — recurso poético que consiste na repetição de um mesmo som consonantal no início de palavras e/ou frases. Identifique as palavras que compõem essa aliteração.

____

c) Observe outras palavras que poderiam compor a mesma aliteração: **jiló**, **gincana**, **gelo**, **jegue**. Quais são as vogais que acompanham as letras **g** e **j** nessas palavras?

____

d) O que podemos concluir sobre a relação entre a grafia de algumas palavras com **g** e **j**?

____

____

____

e) Converse com os colegas e escrevam palavras derivadas de **gesto** e **jeito**.

____

____

____

2. Observe a grafia das palavras:

nojo jejuar laranja rígido sujo varejo gorjear agendar selvagem Egito digerir

Com base no quadro acima, complete as palavras a seguir adequadamente com **j** ou **g**.

no______ento	vare______ista	gor______eio	laran______eira
eno______ado	su______eira	a______enda	di______estão
c______ípcia	______e______um	ri______idez	selva______eria

3. Levando em conta que as palavras abaixo são de origem árabe, indígena ou africana, complete-as adequadamente com **j** ou **g**.

can______ica   ______erimum   berin______ela   ______equitibá   ______iboia

______irau   ______iló   Mo______i   ______uriti

4. O texto a seguir está incompleto.

a) Complete-o com as palavras que o professor vai ditar.

Proposto pelo Criativos da Escola, guia convida jovens a explorar caminhos e perspectivas inusitadas

"Um espaço para caminhar. Para descobrir ____________, pessoas e percepções. Para anotar sensações e pensamentos soltos, calorosos, completos e incompletos. Para viajar por horizontes já visitados, agora com olhos mais atentos e peraltas. [...] Para criativar. Para sentir, ____________, fazer, compartilhar".

Este é o trecho de início do Guia de ____________ pelo Aqui e Agora. Proposto pelo ____________ **Criativos da Escola**, o guia foi elaborado como um convite aos jovens premiados pelo Desafio Criativos da Escola em 2015 e 2016, com o ____________ de provocá-los a continuarem próximos dos seus territórios, atentos e sensíveis às belezas e aos inesperados que os rodeiam.

Com textos do poeta André Gravatá e ilustrações da artista Serena Labate, este é um pequeno livro com propostas de contato mais próximo com a própria história, casa, rua, bairro, cidade. Segundo André, o guia conta com "inúmeros convites para acordar os olhos, com espaços para anotações esparsas e percepções dispersas que rearranjam os passos".

Criativos da Escola/Acervo da Instituição

> O guia dos Criativos da Escola.

[...]

(Disponível em: https://ins.criativosdaescola.com.br/guia-de-viagem-pelo-aqui-e-agora/. Acesso em: 5/12/2022.)

b) As palavras a seguir são da mesma família das palavras que faltavam no texto lido. Levando em consideração essa informação, complete-as corretamente.

- ima_____inação
- ima_____em
- pro_____eção
- pro_____etar
- paisa_____ismo
- paisa_____ista
- ob_____etividade
- ob_____etivar

5. Complete as frases abaixo, empregando adequadamente **viajem** ou **viagem**.

a) Boa __________, meu filho!

b) Talvez Ana e Lúcia __________ para a Disneylândia em janeiro. Como eu gostaria de fazer uma __________ dessas!

6. Complete adequadamente as palavras abaixo com **j** ou **g**. Em cada sequência, três são grafadas com **g**.

a) cafa_____este, cerve_____eiro, _____íria, gara_____em, fuli_____em

b) man_____ericão, _____ibi, _____eada, sar_____eta, _____ingar

c) in_____eção, refú_____io, pedá_____io, reló_____io, ma_____estade

d) gor_____eta, lambu_____em, va_____em, _____ilete, al_____ema

e) _____er_____elim, estran_____eiro, rabu_____ice, _____érsei, pega_____ento

DIVIRTA-SE

(Disponível em: https://tirasarmandinho.tumblr.com/post/140291192434/tirinha-original. Acesso em: 14/12/2022.)

CAPÍTULO 2

Da língua ao texto, do texto ao discurso

Construindo o conceito

Leia esta tira do cartunista argentino Nik:

(*Gaturro 32*. Buenos Aires: Ediciones de la Flor, 2019. p. 77. Tradução livre dos autores.)

1. Gaturro, personagem de Nik, é um gato apaixonado por Ágata, que não se importa muito com ele. Observe, na tira, que Ágata está com o celular na mão.

a) Com quem ela está falando?

____

b) Qual é a intenção dela ao fazer essa ligação?

____

____

2. Pelos comentários de Ágata, é possível deduzir algumas informações a respeito de Gaturro. Como ele parece ser no plano amoroso? Justifique sua resposta.

3. Observe o último quadrinho:

a) O que você acha da estratégia de Gaturro para ser notado? Dessa forma, você acha que ele vai atingir o objetivo dele?

b) Que efeito a reprodução do grafite no último quadrinho constrói no texto?

4. Nik é um cartunista argentino, por isso a tira foi originalmente escrita em espanhol. No entanto, no último balão, a personagem Ágata emprega a expressão "too much".

a) Quais são a origem e o sentido dessa expressão?

b) Levante hipóteses: Por que a personagem empregou uma expressão proveniente de outra língua?

c) Às vezes, no Brasil, algumas pessoas também usam expressões estrangeiras no dia a dia. Cite algumas de que você se lembre.

d) A que você atribui o uso dessas expressões no dia a dia dos brasileiros?

5. Para se comunicar com Gaturro, Ágata faz uso da língua. Embora Gaturro não a esteja vendo, ela gesticula e faz expressões que também contêm alguns sentidos. Que sentido têm os gestos e as expressões de Ágata no 2º e no 3º quadrinhos?

Conceituando

Nos quadrinhos de Nik, Ágata faz uso das linguagens verbal e não verbal para se comunicar. A comunicação pode se estabelecer entre dois ou mais interlocutores por meio das linguagens verbal, não verbal ou multimodal e pode se dar de forma menos ou mais eficiente.

Quando utilizamos qualquer uma das linguagens, fazemos uso de conhecimentos construídos ao longo do tempo por pessoas que viveram em sociedade. Aprendemos os significados que a nossa sociedade atribuiu a gestos, símbolos, cores e sons, além da língua falada pelos indivíduos com quem convivemos.

As línguas variam de acordo com cada povo e cultura. Uma língua também pode ser entendida como idioma, isto é, a língua oficial de um país. Nos quadrinhos de Nik, por exemplo, os personagens falam espanhol, mas, quando publicados no Brasil, eles foram traduzidos para a língua usada aqui, o português.

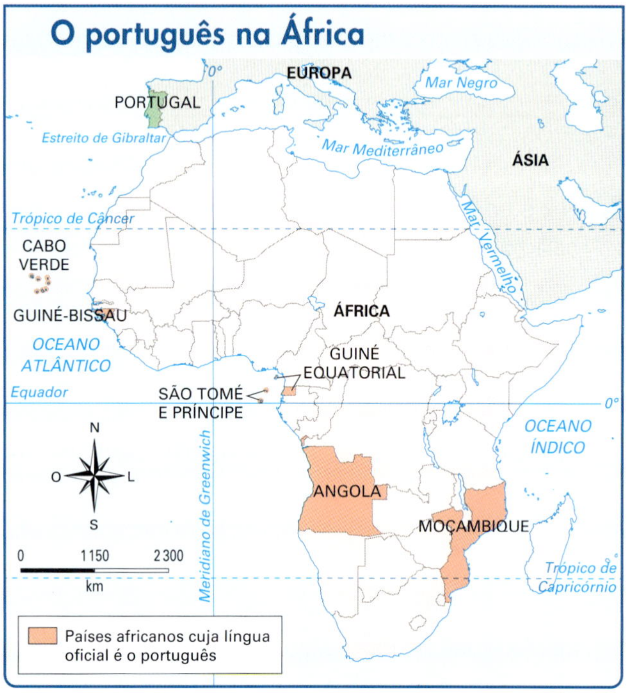

Países africanos cuja língua oficial é o português.

O português foi trazido para o Brasil pelos colonizadores portugueses, no século XVI. Ao longo do tempo, vieram para cá indivíduos de diferentes regiões de Portugal, que trouxeram vários dialetos, os quais passaram a conviver com as mais de mil línguas indígenas então faladas em nosso território. Além disso, no decorrer dos anos, houve forte influência africana na língua portuguesa falada no Brasil.

Estima-se que, atualmente, além do português brasileiro (que se divide em inúmeras variedades linguísticas), são faladas no Brasil cerca de 190 línguas indígenas e línguas trazidas por imigrantes, entre elas o italiano, o espanhol, o alemão e o japonês. Embora se falem muitas línguas no Brasil, o português é considerado a língua oficial do país, como forma de impor uma suposta unidade linguística.

Outros países colonizados por Portugal, como Moçambique, São Tomé e Príncipe, Cabo Verde e Guiné-Bissau, na África, passaram por processos semelhantes e, atualmente, têm o português como língua oficial.

Você provavelmente já teve contato com o inglês ou o espanhol na escola. O que é necessário saber para falar uma língua? Será que basta conhecer um conjunto de palavras e seus significados? E as regras de combinação dessas palavras, elas também são importantes?

A língua nos dá a liberdade de falar e escrever o que quisermos, mas ela é uma convenção social. Por isso, se não respeitarmos algumas regras, poderemos ter problemas de comunicação, mesmo que o interlocutor também fale o nosso idioma. Compare estas duas frases:

- "Gaturro, tudo bem que você me ligue a cada 10 minutos para que eu me lembre de você..."
- Gaturro, tudo que eu me lembre de você para bem que você a ligue me 10 minutos cada.

Note que, apesar de ambas as frases apresentarem as mesmas palavras, todas escritas em português, a segunda frase não é compreensível nem mesmo para um falante nativo. Isso ocorre porque ela não obedece à convenção de organização das palavras em português. Portanto, uma língua não é constituída apenas de palavras; ela também tem regras ou leis combinatórias.

A língua é um produto da cultura e da vida em sociedade e está em constante transformação. Há muitas teorias sobre língua e diversas formas de conceituá-la. Os conceitos variam de uma época para outra, mas, de forma introdutória, é possível defini-la assim:

Língua é um fenômeno social que resulta da interação verbal entre interlocutores e se manifesta em enunciados concretos.

Exercícios

Leia esta tira de Alexandre Beck:

(*Armandinho Oito*. Florianópolis: A. C. Beck, 2016. p. 48.)

1. Armandinho está lendo a lista da feira.

a) Imagine: Como estão escritas as palavras nessa lista?

____

____

b) O que ele estranha nessa lista?

____

____

2. O humor da tira é construído por meio de **expressões idiomáticas** da língua portuguesa. Que outras expressões como essas você conhece?

3. Um estrangeiro que estivesse aprendendo nossa língua conseguiria compreender o sentido dessas expressões se ele apenas consultasse cada uma dessas palavras no dicionário?

4. A palavra **mão** deu origem a várias expressões em nossa língua. Dê o sentido destas expressões:

a) Estar **nas mãos** de alguém:

b) Pôr **a mão no fogo**:

c) Fulano é **mão de vaca**:

d) Fulano é **mão-leve**:

e) **Pedir a mão** de alguém:

f) **Lavar as mãos**:

g) **Dar uma mão**:

h) **Abrir mão** de algo:

i) Estar em **boas mãos**:

j) Estar de **mãos atadas**:

k) Pôr **a mão na massa**:

O enunciado, a situação de comunicação e o discurso

Leia este texto, que é parte de uma campanha desenvolvida pela prefeitura da cidade de Florianópolis.

(Disponível em: https://ndmais.com.br/blogs-e-colunas/fabio-gadotti/campanha-desestimula-uso-de-plastico-em-praias-de-florianopolis/. Acesso em: 10/3/2023.)

1. A frase central "O maior predador dos oceanos tem uma boca de 1 centímetro" causa estranhamento no leitor.

a) Qual parece ser o sentido dessa frase, se lida isoladamente, fora do cartaz? Justifique sua resposta com termos e expressões utilizados na construção da frase.

b) Explique por que ela causa estranhamento no cartaz.

2. Agora, considere a mesma frase no contexto da campanha.

a) A quem ela faz referência? Qual elemento do texto permitiu que você chegasse a essa conclusão?

b) Que novos sentidos ganham os termos e as expressões indicados por você no item **a** da questão 1?

c) A quem a campanha se dirige e qual é o seu objetivo específico? Justifique sua resposta com base no texto.

3. Troque ideias com os colegas e o professor: As estratégias de causar estranhamento no leitor e explorar diferentes sentidos de termos e expressões geram quais efeitos para a campanha?

No estudo anterior, você viu que a frase utilizada na peça publicitária tem um sentido bastante específico quando considerada no contexto da campanha que a veiculou. Essa frase, assim como as demais que compõem a peça publicitária lida, pode ser considerada um **enunciado**.

Enunciado é tudo o que o locutor enuncia, isto é, tudo o que ele diz ao locutário em determinada situação.

Você já viu que o conjunto de enunciados produzidos em uma situação comunicativa constitui o **texto**. Assim, a peça publicitária, como um todo, pode ser considerada um texto.

Texto é um enunciado ou um conjunto de enunciados, verbais ou não verbais, que apresenta unidade de sentido.

É possível considerar, ainda, que na produção da peça publicitária foi levado em conta um conjunto de elementos da situação de comunicação na qual ela foi veiculada: quem fala, o que fala, com quem fala, com que finalidade, em que momento, que imagem o locutor tem do locutário e vice-versa, as intenções implícitas, etc.

Nesse caso, quando consideramos não apenas o que é dito, mas também a situação ou o contexto de produção, temos o **discurso**.

Discurso é o processo comunicativo capaz de construir sentido. Além dos enunciados, envolve os elementos da situação (quem são os interlocutores, que imagem um tem do outro, em que momento e lugar ocorre a interação, com que finalidade, etc.).

Exercícios

Leia esta tira de Fernando Gonsales:

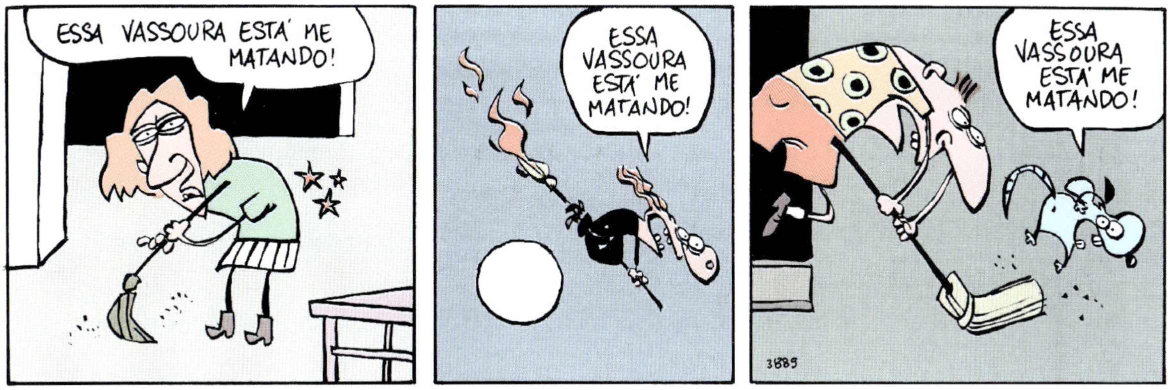

Fernando Gonsales/Acervo do cartunista

(*Folha de S.Paulo*, 21/3/2017.)

1. A tira apresenta três situações diferentes, nas quais é produzido o mesmo enunciado.

a) Qual é o sentido do enunciado no 1º quadrinho?

b) E no 2º quadrinho?

c) E no 3º quadrinho?

2. As situações mostradas pela tira ilustram a importância da situação de produção na construção dos sentidos de um enunciado ou de um texto. Sem os desenhos da tira, os enunciados teriam os mesmos sentidos que têm associados às imagens? Por quê?

3. O humor da tira lida se concentra no último quadrinho, como é comum nas tiras. Por que o 3º quadrinho é o ponto alto do humor dessa tira?

A intencionalidade discursiva

Leia esta anedota:

Bernardo e sua mãe passavam em frente a um mercadinho.

Quando viu uma placa que estava colocada em uma vitrine, o menino disse:

— Olha lá, mãe! "Perigo! Cuidado com o cachorro!"

Com muita cautela, os dois entraram no mercadinho, só para encontrar um velho e inofensivo cão, que dormia tranquilamente no chão.

— É desse cachorro que deveríamos ter medo? — Bernardo perguntou ao dono do lugar.

— É desse mesmo — o homem respondeu.

— Mas a placa dizia que ele era perigoso! — falou a mãe do garoto.

— Ele é perigoso! Ele já feriu mais de trinta pessoas!

— Como?! — perguntou Bernardo surpreso.

— Antes de eu colocar a placa, todo mundo que entrava no mercadinho tropeçava nele e se esborrachava no chão.

(*Piadas para rachar o bico*. São Paulo: Fundamento, 2010. v. 1, p. 13.)

1. O humor da anedota é criado pela exploração da diferença de intenções na interação verbal. Qual foi a intenção do dono do mercadinho ao colocar a placa?

2. Segundo a suposição do menino e da mãe dele, qual era a intenção de quem colocou a placa?

3. Assim como as tiras, as anedotas também criam humor a partir da quebra de expectativas. Considerando o papel dos interlocutores na anedota lida — comerciante e fregueses —, por que a iniciativa do comerciante causa surpresa?

4. Como o comerciante deveria ter redigido os dizeres da placa, para que ela fosse compreendida de acordo com o alerta que ele pretendia dar à freguesia?

A anedota lida é um exemplo de como os interlocutores, quando interagem pela linguagem, têm intenções comunicativas próprias. O menino, ao ler o aviso, compreende-o como um alerta para evitar o perigo que ele e a mãe podiam correr ao entrar no estabelecimento; quebrando a expectativa, o comerciante explica que pôs a placa com a intenção de que os fregueses não se ferissem ao tropeçar no cachorro.

Assim, o enunciado da placa continha uma intencionalidade que, não tendo sido percebida pelo menino, deu a ele a impressão de um alerta que afastaria os fregueses do mercadinho. É desse desencontro de intenções que nasce o humor da anedota, gênero textual cujo papel é divertir os leitores ou ouvintes.

Intencionalidade discursiva é a intenção, implícita ou explícita, existente no discurso.

Para falar/escrever ou ouvir/ler bem os textos produzidos numa língua, é necessário não apenas entender o que é dito, mas também perceber a intenção de quem fala, notando o que está implícito na situação de comunicação. Observar, por exemplo, o momento, o lugar e o papel dos interlocutores (mãe e filho, patrão e empregado, professor e aluno, político e eleitores, etc.) é essencial para depreender a intencionalidade de um discurso.

Exercícios

Leia agora esta tira de Laerte:

(*Folha de S.Paulo*, 2/7/2016.)

1. O que o homem pretende dizer ao falar "Formigas na minha sopa"?

2. Como o tamanduá entendeu a fala do homem? A fala do animal é coerente com a situação? Por quê?

3. Imagine a seguinte situação: Um casal vai receber alguns convidados para um almoço no domingo, por isso compra frutas e doces para servir de sobremesa. Depois do almoço, a mulher diz ao marido:

— Carlos, tem frutas e doces na geladeira.

Considerando os interlocutores e a situação em que esse enunciado é produzido, responda:

a) Qual é a intenção da mulher ao dizer essa frase ao marido?

b) De que outro modo ela poderia fazer o pedido ao marido, tornando explícita sua intenção?

c) Troque ideias com os colegas e o professor e imagine outros contextos nos quais essa mesma frase possa expressar outras intenções.

4. Às vezes, as pessoas deixam de explicitar o que querem por educação. Por exemplo: Suponha que um adolescente chegue em casa com o tênis sujo de barro e, ao entrar, o pai dele diz:

— Filho, seu tênis está sujo.

a) O que o pai realmente pretende dizer ao filho?

____

b) De que forma ele poderia dizer a mesma coisa ao filho sem ser agressivo ou autoritário?

____

A intencionalidade discursiva NA CONSTRUÇÃO DO TEXTO

Leia as tiras a seguir.

© Armandinho, de Alexandre Beck/Acervo do cartunista

(Alexandre Beck. *Armandinho dois*. Florianópolis: A. C. Beck, 2014. p. 71-72.)

1. Lidas em conjunto, as tiras compõem uma sequência de uma mesma conversa entre Armandinho e o pai dele. Identifique elementos verbais e não verbais nas três tiras que permitem fazer tal afirmação.

2. No primeiro quadrinho de cada tira, o pai se dirige ao filho.

a) Deduza: Qual é a intenção do pai ao fazer suas perguntas?

b) Como Armandinho aparentemente entende cada uma delas?

3. Troque ideias com os colegas e o professor e levante hipóteses:

a) Por que o pai de Armandinho opta por formular perguntas em vez de fazer uma fala mais direta?

b) Armandinho entendeu as perguntas do pai?

4. Observe o segundo quadrinho de cada uma das tiras.

a) Qual é a ação de cada um dos personagens nesse quadrinho?

b) Quais seriam as ações esperadas, caso Armandinho tivesse percebido a verdadeira intenção de seu pai?

5. A forma de falar utilizada pelo pai de Armandinho nas tiras em estudo é muito comum no dia a dia, quando uma pessoa tem a intenção de atenuar a própria fala. Cite alguns exemplos de falas e situações nas quais isso pode ocorrer.

© Armandinho, de Alexandre Beck/Acervo do cartunista

6. Conclua: Que relação existe entre a intencionalidade discursiva e a construção do humor nas tiras lidas?

SEMÂNTICA E DISCURSO

O anúncio a seguir foi exposto em *outdoors* de estradas brasileiras. Leia-o e responda às questões 1 a 3.

Reprodução/Agência CMC

(Disponível em: https://www.portaldodog.com.br/cachorros/noticias/outdoor-busca-conscientizar-populacao-sobre-abandono/. Acesso em: 5/9/2022.)

1. Releia o texto verbal do anúncio:

"Nessas férias, lembre que nem todo pet é descartável."

a) Em que época do ano o anúncio foi veiculado?

____

b) Com que sentido a palavra **pet** é lida nesse enunciado, inicialmente?

____

____

____

____

2. Quando observamos a parte não verbal do anúncio, notamos que há uma ambiguidade (duplo sentido) no enunciado verbal.

a) Que figura aparece em destaque no anúncio?

____

b) De que material é formada essa figura?

c) Relacionando-se o enunciado verbal com a figura, que novo sentido a palavra **pet** ganha?

d) Qual foi o motivo da divulgação do anúncio na época do ano em que ele foi veiculado?

3. A ambiguidade existente na relação entre enunciado verbal e imagem também se verifica na intencionalidade do anúncio.

a) Inicialmente, qual parece ser a intencionalidade do anúncio?

b) Qual é a verdadeira intencionalidade dele?

4. Leia esta anedota:

— Mamãe, o que você quer de presente de aniversário?

— Eu queria... uma menina muito bem-comportada.

— Xi, vou ganhar uma irmãzinha...

(Fabrice Lelarge. *365 piadas — Para crianças a partir dos 7 anos*. Tradução de Mô Cunha. Barueri-SP: Girassol, 2006. p. 4.)

Jean Galvão/Acervo da editora

Quando duas pessoas interagem por meio da linguagem, elas levam em conta não apenas o que é dito, mas também outros elementos da situação, como quem são os interlocutores, o papel social que eles exercem, o que um pensa do outro, o lugar, o momento, a intenção.

a) O que a menina esperava ouvir da mãe ao fazer a pergunta a ela?

b) Qual é a intenção da mãe ao dar a resposta à filha?

c) Deduza: Qual deve ser a opinião da mãe a respeito do comportamento da filha?

d) Qual é a opinião da menina sobre o próprio comportamento? Ela pretende mudar esse comportamento?

PARA ESCREVER COM coerência e coesão

A coerência textual

Leia as tiras a seguir:

(Alexandre Beck. *Armandinho seis*. São Paulo: A. C. Beck, 2015. p. 78.)

(Disponível em: https://bichinhosdejardim.com/questoes-classicas/. Acesso em: 6/9/2022.)

1. Na 1ª tira, Armandinho conversa com o pai. Observe a pergunta do menino e a resposta do pai no 1º quadrinho. Em seguida, observe o comentário de Armandinho no 2º quadrinho.

a) O comentário de Armandinho, no 2º quadrinho, é coerente com a resposta dada pelo pai no quadrinho anterior? Por quê?

b) Levante hipóteses: Por que Armandinho deu essa resposta ao pai?

c) Qual é o sentido da expressão "Ah..." do último quadrinho?

2. Agora, observe a 2ª tira. A flor levanta algumas "questões clássicas" a respeito dos contos de fadas.

a) O que a flor questiona sobre os contos de fadas?

b) Os questionamentos da flor são coerentes? Por quê?

c) E, no mundo fantasioso dos contos de fadas, os fatos que a flor questiona fazem sentido? Por quê?

Armandinho dá uma resposta sem nexo à pergunta do pai provavelmente porque não ouviu direito o que ele estava dizendo ou porque possivelmente estava acostumado a ouvir desculpas. Na 2ª tira, a flor vê incoerências nos acontecimentos de alguns contos maravilhosos e questiona-os à luz da realidade em que vivemos.

As duas tiras lidas criam humor explorando as noções de coerência e incoerência, seja no diálogo entre pai e filho, seja no enredo dos contos de fadas. Contudo, as tiras por si sós, como textos que são, têm em si coerência, uma vez que em geral alguma coerência é esperada dos textos que produzimos no dia a dia.

Coerência textual são as conexões de ideias que conferem sentido a um texto.

A coesão textual

Leia este texto:

Manual do Mundo: tutoriais e experiências científicas

Criado em 2008, o canal do YouTube Manual do Mundo tem mais de 16 milhões de inscritos e uma série de prêmios — até mesmo dois registros no Guinness World Records Book, o livro dos recordes. O canal é um dos grandes nomes brasileiros na criação de conteúdo voltado para ciências e tecnologia e foi concebido por Iberê Thenório e Mari Fulfaro [...]. A seguir, confira um bate-papo que a repórter mirim Gabriela B., 10 anos, [...] teve com o Iberê.

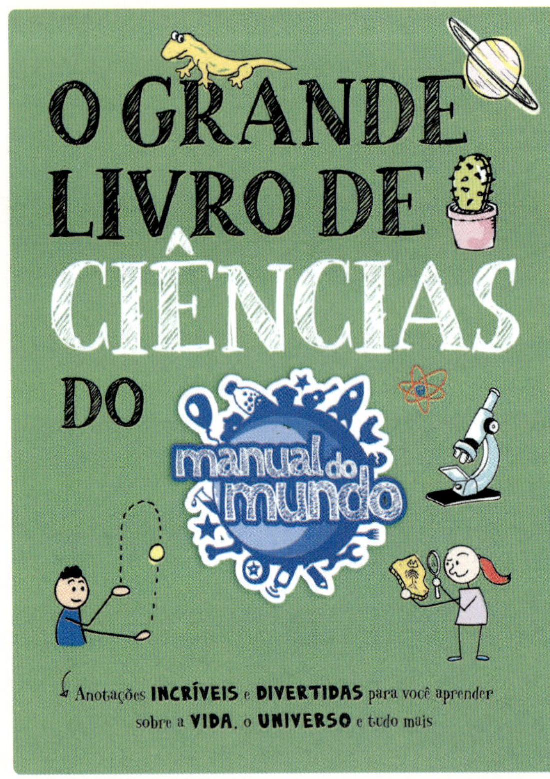

Reprodução/Editora Sextante

Quando surgiu a ideia de criar o canal Manual do Mundo?

Surgiu em 2008. Eu e a Mari viemos do interior, de Piedade (SP), uma cidade que fica aqui perto de Sorocaba. A gente, quando morava no interior, fazia tudo em casa: tudo que precisava arrumar, consertar, fazíamos em casa. E aí, quando chegamos a São Paulo, percebemos que as pessoas não sabiam fazer nada na cidade grande; elas sempre contratam alguém para ajudar. Não sabiam trocar pneu, não sabiam pintar uma parede. Então a gente resolveu criar o Manual do Mundo, para ensiná-las a fazer coisas em casa. Depois de um tempo, começamos a fazer algumas experiências e percebemos que as pessoas gostavam delas. Era uma coisa que fazia falta na vida das pessoas: entender um pouco de ciência.

[...]

(*Jornal Joca*. Disponível em: https://www.jornaljoca.com.br/manual-do-mundo-tutoriais-e-experiencias-cientificas/. Acesso em: 14/12/2022.)

1. O texto apresenta uma entrevista com Iberê Thenório, um dos criadores do canal Manual do Mundo.

a) Qual é a área de interesse a que o canal se dedica?

____

____

b) Qual é o objetivo do canal?

____

____

____

2. Para que o texto produza um sentido coerente, é necessário que ele apresente não apenas conexão entre as ideias, mas também entre as palavras e as partes que o compõem. Releia este trecho:

> "A gente, quando morava no interior, fazia tudo em casa: tudo que precisava arrumar, consertar, fazíamos em casa."

a) A expressão "a gente" retoma um termo citado anteriormente. Que termo é esse?

____

b) A palavra **tudo**, em sua primeira ocorrência, é explicada no texto posteriormente. Que trecho explica o que o autor queria dizer com essa palavra?

____

3. Releia este trecho do texto:

> "E aí, quando chegamos a São Paulo, percebemos que as pessoas não sabiam fazer nada na cidade grande; elas sempre contratam alguém para ajudar. Não sabiam trocar pneu, não sabiam pintar uma parede. Então a gente resolveu criar o Manual do Mundo, para ensiná-las a fazer coisas em casa."

a) A palavra **nada** também é explicada posteriormente. Qual é a frase que explica o sentido dessa palavra no contexto?

____

b) A palavra **elas** retoma um termo citado anteriormente. Que termo é esse?

____

c) A palavra **las** em **ensiná-las** evita a repetição de um termo anteriormente expresso. Que termo é esse?

____

4. Agora, releia este outro trecho:

> "Depois de um tempo, começamos a fazer algumas experiências e percebemos que as pessoas gostavam delas. Era uma coisa que fazia falta na vida das pessoas: entender um pouco de ciência."

a) Que termo é retomado pela palavra **delas**?

____

b) O trecho "entender um pouco de ciência", empregado depois de dois-pontos, explica uma palavra de sentido vago e genérico empregada anteriormente. Que palavra é essa?

____

c) Nesse trecho, há uma palavra que é repetida. Identifique-a e sugira uma reescrita que elimine essa repetição.

____

____

____

5. Há, no texto, algumas palavras e expressões que indicam uma sequência temporal, ou seja, marcam momentos da história dos criadores do canal. E há também palavras e expressões que indicam espaço ou mudança espacial.

a) Identifique as palavras e expressões que indicam tempo.

____

b) Destaque as palavras e expressões que indicam espaço ou deslocamento espacial.

____

Você notou que, no texto, há palavras que estabelecem relações com outras palavras e expressões, retomando-as para explicá-las ou desenvolvê-las ou para evitar repetições. E há palavras que indicam mudança de tempo e de espaço em que os fatos aconteceram, criando uma noção de sequência temporal.

Palavras e expressões como essas são responsáveis pela "costura" do texto, isto é, pelas conexões gramaticais e semânticas que fazem com que palavras reunidas se tornem um texto de fato. Essas conexões são chamadas de **coesão**.

> **Coesão textual** é a conexão gramatical estabelecida entre palavras, frases, parágrafos e partes maiores de um texto.

Para que um texto seja um todo significativo, e não um amontoado de frases soltas sem conexão, é necessário que ele tenha textualidade. A coerência e a coesão textuais são elementos fundamentais para conferir textualidade a um texto.

Exercícios

Leia a tira a seguir, de Alexandre Beck:

(*Armandinho três*. Florianópolis: A. C. Beck, 2014. p. 55.)

1. O 1º quadrinho mostra uma situação de violência vivida por Armandinho.

a) O que ocorre nesse quadrinho?

______

b) Que tipo de coisa a pessoa mais alta espera receber de Armandinho?

______

c) A resposta dada por Armandinho no 2º quadrinho era a esperada pelo estranho?

______

2. De modo bem-humorado, a tira coloca em destaque duas ordens diferentes de valores: a ordem dos valores materiais e a ordem dos valores imateriais (valores morais, culturais, afetivos, etc.).

a) Para o estranho, o que é "valioso"?

______

b) E para Armandinho, o que tem verdadeiro valor?

______

3. O gibi da Mônica é um bem material. Para Armandinho, em que ordem de valores esse gibi se situa: na ordem dos valores materiais ou na ordem dos valores imateriais? Justifique sua resposta.

______

______

______

4. Agora, observe as conexões gramaticais presentes no texto. O balão do 2º quadrinho procura explicar ou desenvolver uma expressão empregada no balão do 1º quadrinho. Que expressão é essa?

______

5. No 3º quadrinho, Armandinho fala duas frases cujas ideias estão correlacionadas pela palavra **mas**. Indique o sentido dessa palavra no contexto:

a) adição

b) oposição

c) conclusão

d) explicação

6. No 2º quadrinho, a palavra **deles** substitui uma expressão citada anteriormente, evitando repetição. Que expressão é essa?

______

7. Preencha as lacunas do texto a seguir com palavras ou expressões que deem coerência e coesão ao texto.

A história de uma boneca – feita de ossos!

31 DE MAIO DE 2019

_______________ estamos quase na metade do ano _______________ falta pouco para as férias escolares. _______________, neste mês, deixo uma dica que vai animar os seus _______________ dias de estudo antes da folga. Minha sugestão é que você experimente a _______________ de um livro de suspense: ***Boneca de Ossos*** (Holly Black, editora #irado).

Uma cristaleira abriga a boneca que dá nome à história. E não se engane: ela está bem longe de ser apenas um _______________ infantil. _______________ de cara, você _______________ vai conhecer os amigos Poppy, Zach e Alice.

_______________ sempre gostaram de imaginar aventuras em um mundo povoado por piratas e guerreiros e governado por uma Grande Rainha — a _______________ feita de ossos que vive na cristaleira. _______________, agora que os _______________ estão crescendo, a vontade de brincar juntos já não é mais a mesma e a relação de _______________ parece passar por dificuldades.

_______________ Poppy começa a ter sonhos com a Rainha e o fantasma de uma menina que não poderá descansar _______________ a boneca de ossos não for enterrada no túmulo dela, que está vazio.

_______________ que os três se unem e partem em uma jornada na tentativa de achar o cemitério certo, _______________ fica o tal túmulo. Não faltam mistérios a serem solucionados em meio a alguns sustos pelo caminho. Prepare-se para sentir aquele frio na _______________!

Por Maria Carolina Cristianini, editora-chefe do Joca.

(Disponível em: https://jornaljoca.com.br/portal/a-historia-de-uma-boneca-feita-de-ossos/. Acesso em: 10/3/2023.)

DIVIRTA-SE

DICIONÁRIO DOS NOVOS TEMPOS

Alopatia	Dar um telefonema para a tia.
Abreviatura	Ato de se abrir um carro de polícia.
Catálogo	Ato de se apanhar coisas rapidamente.
Destilado	Aquele que não está do lado de lá.
Detergente	Ato de prender indivíduos suspeitos.
Determina	Prender uma moça.
Esfera	Animal feroz amansado.
Evento	Constatação de que realmente é vento, e não furacão.
Novamente	Diz-se de indivíduos que renovam a sua maneira de pensar.
Quartzo	Partze ou aposentzo de um apartamentzo.
Razão	Lago muito extenso, porém, pouco profundo.
Rodapé	Aquele que tinha carro, agora, roda a pé.
Simpatia	Concordância com a irmã da mãe.
Talento	Característica de alguma coisa devagar.
Típica	O que o mosquito nos faz.
Unção	Erro de concordância muito frequente (o correto seria: um é).
Vidente	Dentista falando sobre seu trabalho.
Volátil	Sobrinho avisando aonde vai.
Zoológico	Reunião de animais racionais.

(Disponível em: https://www.ime.usp.br/~vwsetzer/jokes/dicion.html. Acesso em: 14/12/2022.)

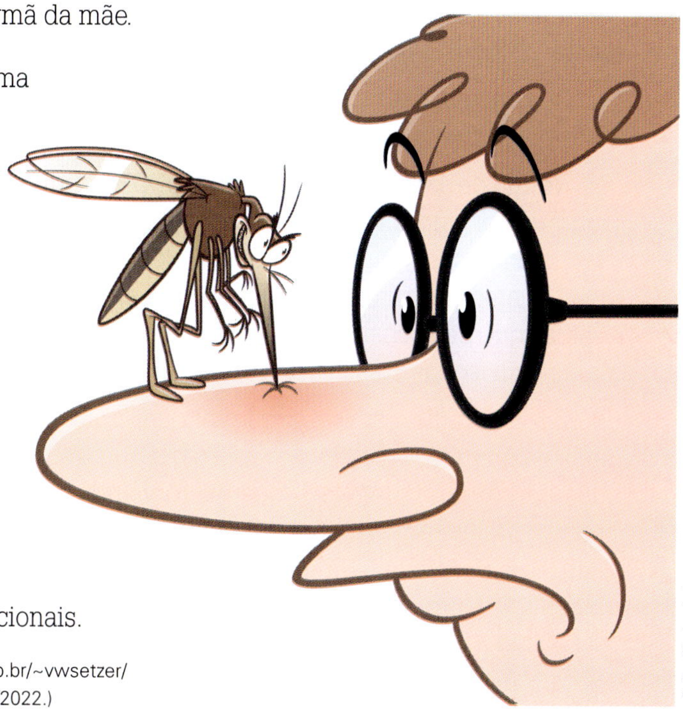

Refluo/Shutterstock

CAPÍTULO 3

As variedades de uma língua plural

Construindo o conceito

Leia esta crônica do cronista e compositor Kledir Ramil:

Língua brasileira

Outro dia eu vinha pela rua e encontrei um mandinho comendo bergamota, um guri desses que andam sem carpim, de bragueta aberta, soltando pandorga. Eu vinha de bici, descendo a lomba pra ir na lancheria...

Se você não é gaúcho, provavelmente não entendeu nada do que eu estava contando. No Rio Grande do Sul a gente chama tangerina de bergamota e carne moída de guisado. Bidê, que a maioria usa no banheiro, é o nome que nós demos pra mesinha de cabeceira, que em alguns lugares chamam de criado-mudo. E por aí vai. A privada nós chamamos de patente. Dizem que começou com a chegada dos primeiros vasos sanitários de louça, vindos da Inglaterra, que traziam impresso "Patent" número tal. E pegou.

Ir aos pés, no Rio Grande do Sul, é fazer cocô. Eu acho tri elegante, poético. "Com licença, vou aos pés e já volto."

O Brasil tem dessas coisas, é um país maravilhoso, com o português como língua oficial, mas cheio de dialetos diferentes.

No Rio de Janeiro é "e aí, merrmão! CB, sangue bom!" Até eu entender que merrmão era "meu irmão" levou um tempo. Pra conseguir se comunicar, além de arranhar a garganta com o erre, você precisa aprender a chiar que nem chaleira velha: "Vai rolá umasch paradasch ischperrtasch."

Em São Paulo, capital, eles botam um "i" a mais na frente do "n": "Ôrra meu! Tô por deintro, mas não tô inteindeindo o que eu tô veindo." E no interiorrr falam um erre todo enrolado: "A Ferrrnanda marrrcô a porrrteira." Dá um nó na língua. A vantagem é que a pronúncia deles no inglês é ótima.

Em Mins, quer dizer, em Minas, eles engolem letras e falam Belzonte, Nossenhora,

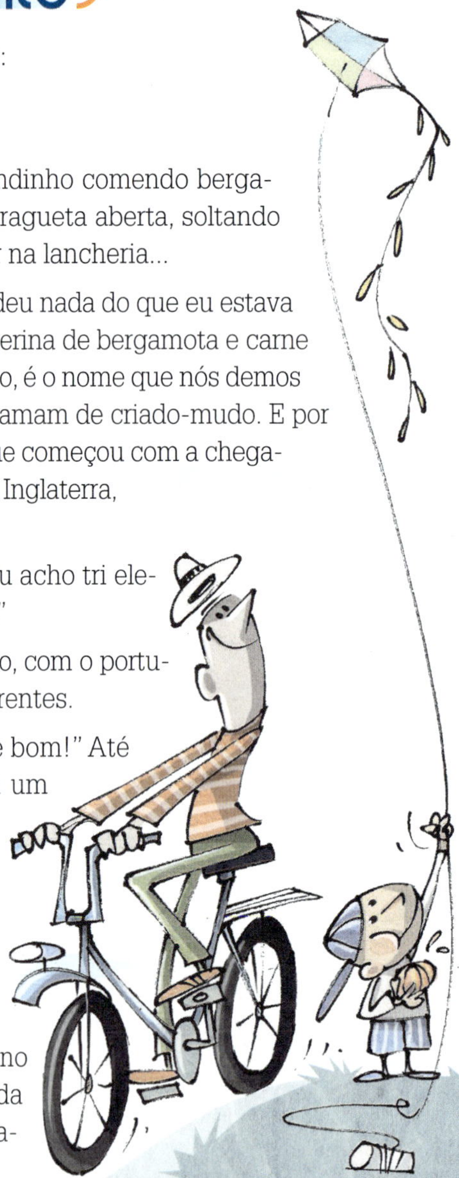

Biry Sarkis/Acervo da editora

Biry Sarkis/Acervo da editora

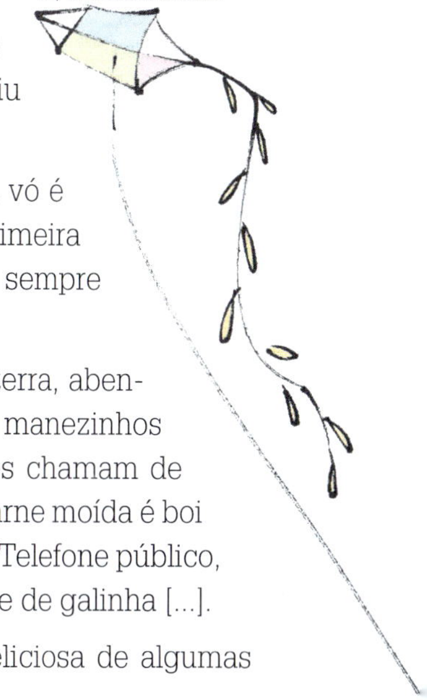

doidemais da conta, sô! O mineiro, quando se perde, já tem uma frase pronta: "Eu não sei quemcossô, oncotô, doncovim e proncovô." Qualquer objeto eles chamam de trem, como naquela história do mineirinho na plataforma da estação. Quando ouviu um apito, falou apontando as malas: "Muié, pega os trem que o bicho tá vindo."

No Nordeste é tudo "meu rei, bichinho, oxente". Pai é painho, mãe é mainha, vó é vóinha. E pra você conseguir falar com o acento típico da região, é só cantar a primeira sílaba de qualquer palavra numa nota mais aguda que as seguintes. As frases são sempre em escala descendente, ao contrário do sotaque gaúcho.

Mas o lugar mais interessante de todos é Florianópolis, um paraíso sobre a terra, abençoado por Nossa Senhora do Desterro. Os nativos tradicionais, conhecidos como manezinhos da Ilha, têm o linguajar mais simpático da nossa língua brasileira. Lagartixa, eles chamam de crocodilinho de parede. Helicóptero é avião de rosca (que deve ser lido rôschca). Carne moída é boi ralado. Se você quiser um pastel de carne precisa pedir um envelope de boi ralado. Telefone público, o popular orelhão, é conhecido como poste de prosa. Ovo eles chamam de semente de galinha [...].

Dizem que isso tudo vem da colonização açoriana, inclusive a pronúncia deliciosa de algumas expressões como "si quéisch quéisch, si não quéisch, disch".

Se você estiver por lá viajando de carro e precisar de alguma informação sobre a estrada pra voltar pra casa, deve perguntar pela Briói, como é conhecida a BR-101.

Tudo isso é muito engraçado, mas às vezes dá problema sério. A primeira vez que minha mãe, gaúcha do interior, foi ao Rio de Janeiro, entrou numa padaria e pediu: "Tchê, me dá um cacete!!!" Cacete pra nós é pão francês. O padeiro caiu na risada, chamou-a num canto e tentou contornar a situação. Ela ingenuamente emendou: "Mas o senhor não tem pelo menos um cacetinho?"

N. do T. — mandinho é garoto, carpim é meia, bragueta é braguilha, pandorga é pipa, bici é bicicleta, lomba é ladeira, lancheria é lanchonete.

(*Crônicas para ler na escola*. Objetiva. Edição do Kindle.)

Quem é Kledir Ramil?

O cronista Kledir, autor do texto lido, é também compositor e, com seu irmão, forma a dupla Kleiton e Kledir, que fez grande sucesso na música popular brasileira na década de 1980. Originários de Pelotas (RS), a dupla incorporou às canções que criaram vários termos e expressões próprios da variedade gaúcha, como a expressão "tri legal".

Rodrigo Lopes/Acervo do artista

› Kleiton e Kledir.

1. O tema central do texto é:

a) A enorme variedade de idiomas falados no Brasil, além do português oficial.

b) As brincadeiras de um menino encontrado na rua pelo narrador.

c) As variações da língua portuguesa falada no Brasil.

d) A falta de compreensão entre falantes do português em alguns lugares do Brasil por causa da diversidade de nosso povo.

2. Releia esta frase do texto:

> "O Brasil tem dessas coisas, é um país maravilhoso, com o português como língua oficial, mas cheio de dialetos diferentes."

Na visão do autor, a língua portuguesa oficial e os diferentes dialetos formam uma só língua ou são línguas diferentes? Justifique sua resposta.

____

____

3. O narrador reconhece que algumas palavras e expressões empregadas no Estado em que ele nasceu são exclusivas.

a) De que Estado é o narrador?

____

b) No 3º parágrafo, o narrador faz uso de uma palavra que é própria do português falado no Estado onde ele nasceu: "Eu acho **tri** elegante, poético". Qual é o sentido da palavra **tri** nesse contexto?

____

c) Você se identifica com alguma das formas de falar citadas pelo narrador? Por quê? E, para você, há outra forma de falar no Brasil que merece destaque e não foi mencionada no texto? Em caso afirmativo, qual?

____

____

4. Para o narrador, os falantes de outros Estados falam diferente o português.

a) Qual é a impressão que ele tem a respeito do português falado no Rio de Janeiro?

____

____

b) E do português falado em São Paulo?

____

____

c) E em Minas Gerais?

____

____

d) E no Nordeste?

____

____

e) Você acha que o português é falado da mesma forma em todos os Estados do Nordeste? Levante hipóteses: Por que o autor da crônica descreveu falares nordestinos de forma genérica?

5. O narrador dá destaque ao português falado em Florianópolis.

a) Que trecho do texto confirma a simpatia do narrador pela língua falada nessa cidade?

b) O narrador cita algumas expressões faladas em Florianópolis como "crocodilinho de parede" e "avião de rosca". Você já ouviu ou usa algumas dessas expressões? Em que contexto? Troque ideias com os colegas e o professor e levante hipóteses: Com base em que princípio elas são construídas?

6. Compare a forma como o narrador se refere à língua falada no Brasil nestes dois trechos do texto:

- "O Brasil [...] é um país maravilhoso, com o português como língua oficial, mas cheio de dialetos diferentes."
- "Os nativos tradicionais, conhecidos como manezinhos da Ilha, têm o linguajar mais simpático da nossa língua brasileira."

Que diferença é possível notar entre os trechos?

7. O texto finaliza com mais um exemplo de variação da língua portuguesa: o autor cita o modo como os gaúchos do interior se referem a **pão** e **pãozinho**. Que efeito esse exemplo cria no texto? Justifique sua resposta.

Conceituando

No texto lido e estudado, o autor constrói humor com base no fato de a língua portuguesa falada no Brasil não ser homogênea. Ela apresenta muitas variações que dependem de fatores regionais, sociais, etários, estilísticos e culturais e das diferentes situações de comunicação em que ela é utilizada.

Especialmente em uma sociedade tão heterogênea como a brasileira, em que convivem realidades e perfis muito distintos, às vezes, em uma mesma cidade e até em um mesmo bairro, é natural que haja diferenças nas formas de utilização da língua.

Variedades linguísticas são os diferentes modos de usar uma língua, relacionados a fatores como a situação de comunicação ou o lugar de origem, a idade, o sexo, a classe social e o grau de escolaridade dos interlocutores.

Variedades de prestígio e norma-padrão

A língua está sempre em mudança, em renovação. Palavras novas surgem a todo instante, e formas antes valorizadas caem em desuso com o tempo. Com a internet, as redes sociais e os novos suportes de escrita cotidiana, como celulares e *tablets*, até mesmo a forma de escrever as palavras tem se modificado em algumas situações.

Olly Kava/Shutterstock

Na tentativa de controlar a inevitável mudança pela qual toda língua passa ao longo do tempo, as sociedades, a fim de se fortalecerem politicamente por meio de uma suposta unidade linguística, instituem um ideal de língua única e centralizada — conhecida como **norma-padrão** —, visando ditar regras de como se deve falar e escrever, como se houvesse uma única alternativa aceitável.

Em todas as culturas, a norma-padrão tem por base uma das variedades da língua, cuja escolha é, em geral, guiada pelos usos linguísticos dos grupos de maior poder e prestígio socioeconômico. A escolha da norma-padrão também se baseia em fontes historicamente muito distantes da nossa fala cotidiana, o que a leva a se distanciar até mesmo da forma como pessoas altamente escolarizadas e de classes socioeconômicas de prestígio usam a língua. Assim, a norma-padrão, tal como é construída, não corresponde efetivamente a nenhuma das variedades de uma língua e, por não existir como uma variedade linguística real, pode ser considerada fruto de uma abstração.

Variedades urbanas de prestígio, também conhecidas como **norma culta**, são as variedades utilizadas por falantes com maior nível de escolaridade e, em geral, com maior poder socioeconômico.

Norma-padrão é um modelo abstrato da língua, instituído na tentativa de normatizar com leis ou regras os usos de uma língua, falada ou escrita.

Embora a norma-padrão se distancie dos usos efetivos da língua em nosso cotidiano, é preciso reconhecer que ela existe e é direito de todos os falantes ter acesso a ela e a suas regras. Da mesma forma, o acesso às variedades urbanas de prestígio, que são socialmente mais valorizadas, também é um direito de todos os falantes, pois pode contribuir para que eles participem com mais autonomia de diversas situações de uso da língua e, com isso, tenham mais segurança ao produzir seus textos, orais ou escritos.

Preconceito linguístico

O que não se pode admitir é que uma variedade linguística seja considerada melhor ou mais correta que outra. Você provavelmente já ouviu alguém dizer que o português de uma cidade ou de um Estado é melhor do que o de outro lugar ou já viu uma pessoa ser ridicularizada por falar de um jeito diferente do usado pela maioria das pessoas com quem ela convive. Esses comportamentos têm por base crenças do senso comum sem nenhum fundamento científico, contra as quais devemos nos posicionar, a fim de construir uma sociedade mais justa e menos preconceituosa também no aspecto linguístico.

Banco de imagens/ Arquivo da editora

Exercícios

Ao digitar, na barra de endereços do seu navegador de internet, um endereço que não existe ou não está mais disponível na rede, aparece em geral uma mensagem padrão: "erro — página não encontrada". É comum, entretanto, que alguns *sites* personalizem essa mensagem. Observe, a seguir, alguns exemplos.

I.

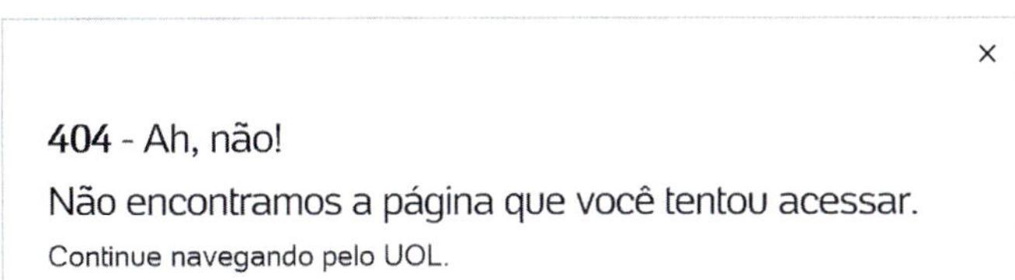

(UOL)

II.

(*Folha de S.Paulo*)

Fotos: Reprodução/ www.uol.com.br

III.

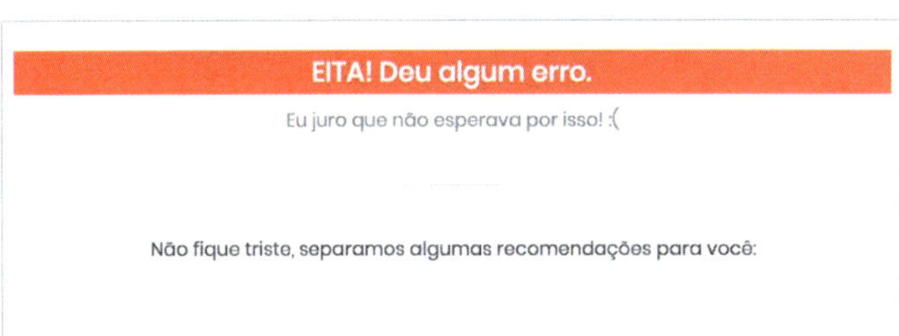

(Webmotors)

IV.

(Gloob)

V.

(*Blog* Forró com turista)

1. Como falante da língua portuguesa, você certamente reconhece que há diferenças na linguagem utilizada nessas mensagens, embora todas tenham o mesmo conteúdo.

a) Qual delas tem uma linguagem mais objetiva e direta, fazendo um uso mais formal da língua? Justifique sua resposta com base no texto.

___

___

___

b) Quais delas fazem uso de gírias, interjeições ou expressões regionais? Justifique sua resposta com base no texto.

___

___

___

2. Troque ideias com os colegas e o professor e levante hipóteses: Com quais objetivos os responsáveis por essas páginas fazem esse tipo de alteração no texto padrão da página de erro?

Leia o cartaz a seguir para responder às questões 3 e 4.

Reprodução/<https://confiramais.com.br/programacao-sao-joao-recife/>

3. Relacione as partes verbal e não verbal do cartaz.

a) Qual é o objetivo desse texto?

___

___

b) Deduza: Quem o produziu e a quem ele se destina?

4. Há no texto do cartaz um termo escrito de forma diferente da norma-padrão.

a) Qual é esse termo?

b) Levante hipóteses: Por que ele foi escrito dessa forma?

c) Troque ideias com os colegas e o professor: A forma de falar essa palavra é específica de uma região do Brasil ou de determinado grupo de pessoas? Justifique sua resposta.

Tipos de variação linguística

As variações de uma língua podem ocorrer por diferentes motivos. Conheça, a seguir, alguns deles.

- **Diferenças de lugar ou região** — Há, nos modos de falar das pessoas, diferenças relacionadas ao lugar de onde elas vêm ou onde vivem: Estados diferentes, zona rural, zona urbana, áreas das grandes cidades.
- **Diferenças de classe social** — Pessoas de diferentes classes sociais podem ter modos distintos de falar.
- **Diferenças entre a fala e a escrita** — Uma mesma pessoa pode fazer uso de variedades distintas ao empregar as modalidades oral e escrita da língua.
- **Diferenças no grau de monitoramento** — Uma pessoa pode monitorar menos ou mais sua fala, conforme julgar necessário. Dependendo da situação de comunicação em que se encontra, ela pode usar a linguagem de modo menos ou mais formal. Por exemplo, ao contar um mesmo fato em casa, para membros da família, e em uma reunião profissional, para pessoas com quem se tem pouca intimidade, é natural o emprego de uma **linguagem informal** na primeira situação e de uma **linguagem formal** na segunda situação.
- **Diferenças históricas** — Pessoas de diferentes gerações podem ter modos de falar diferentes, uma vez que a língua muda com o passar do tempo.

Português brasileiro chega a Portugal e Angola pelas telenovelas e pelos *youtubers*

As telenovelas brasileiras são muito apreciadas em Portugal e em Angola, país africano que tem como língua oficial o português. Só a Rede Globo chega a exportar para Portugal cerca de 3700 horas de programação por ano. Transmitidas diretamente, sem dublagem, nossas telenovelas vêm influenciando os costumes e a língua desses países. Várias palavras e expressões que antes eram de uso exclusivo dos falantes brasileiros agora são faladas por falantes do português angolano e lusitano, como "estar numa boa", "*show* de bola", "oi", "legal", "estou indo" (em vez de "estou a ir").

Além disso, a alta popularidade de alguns *youtubers* brasileiros em Portugal tem influenciado a linguagem de crianças portuguesas de 4 a 10 anos, que passaram a usar no dia a dia expressões como "Oi, galera!", "Beleza?".

A gíria

Leia este diálogo:

Outro dia o coruja estava batendo lata e encontrou um tatu.

— E aí? Eles acertaram o pilão?

— Que nada, o espada abriu o caderno e passou o maior chapéu no piolho!

(Kárin Fusaro. *Gírias de todas as tribos*. São Paulo: Panda Books, 2001.)

Jean Galvão/Acervo da editora

Se você teve dificuldade para compreender esse diálogo, é porque não conhece a gíria dos taxistas. Releia o texto considerando este vocabulário:

abrir o caderno: falar demais, contar sua vida.
bater lata: andar com o carro vazio, à procura de passageiro.
chapéu: golpe, ato de não pagar a corrida de táxi.
coruja: taxista que trabalha à noite, de madrugada.
espada: passageiro difícil de enganar.
pilão: corrida prefixada (o motorista ignora o taxímetro e estipula o preço antes de sair).
piolho: taxista que assalta o passageiro, até mesmo à mão armada.
tatu: passageiro inocente, vítima fácil.

A gíria e as tribos

A gíria [...] surge entre pessoas que se identificam por uma atividade esportiva, profissional ou atitude. A gíria pode extrapolar o meio em que foi criada e contagiar outras tribos. Mas também pode não pegar, ou durar pouco e ser rapidamente esquecida.

(Kárin Fusaro, *op. cit.*, p. 5.)

O diálogo entre os taxistas é um exemplo de como alguns grupos sociais — além dos taxistas, o grupo dos estudantes, o dos jogadores de futebol, o dos policiais, o dos esqueitistas, o dos funkeiros, o dos surfistas, etc. — usam na fala certas palavras e expressões que lhes são próprias.

Esse tipo de variação linguística é chamado de **gíria**. Normalmente criada por um grupo social ou profissional, a gíria, por sua expressividade, pode tanto desaparecer rapidamente quanto se estender à linguagem de toda a sociedade.

Conheça algumas das gírias que os internautas usam em suas redes sociais:

biscoiteiro: pessoa que faz de tudo para chamar a atenção e ganhar *likes*.

***crush*:** pessoa por quem você tem interesse romântico.

tá na Disney: basicamente, se refere a alguém que faz ou fala algo fora da realidade. Ou simplesmente está equivocada de alguma forma.

pisa menos: é um elogio usado para fazer referência a uma pessoa que está arrasando no que está fazendo.

trollar: tirar sarro, aprontar ou enganar outras pessoas.

(Adaptado de: https://segredosdomundo.r7.com/girias-da-internet/. Acesso em: 1/11/2022.)

Jean Galvão/Acervo da editora

Exercícios

Leia esta tira:

Custodio/Acervo do cartunista

(Custódio. Disponível em: https://tirasdidaticas.wordpress.com/2017/08/02/tecla-sap-entre-geracoes/. Acesso em: 2/11/2022.)

1. A tira mostra três personagens conversando. Observe a aparência deles e responda:

a) Quem é o personagem mais velho?

b) Quem é o mais novo?

c) Qual deles tem uma idade intermediária?

2. A linguagem empregada pelo personagem de gravata vermelha apresenta algumas gírias antigas do português brasileiro. Identifique-as e dê o significado delas.

3. No 2º quadrinho, o personagem que está no meio explica o que foi dito pelo personagem que aparece no canto esquerdo do quadrinho. Que palavras de sua fala são gírias da atualidade?

4. Observe a linguagem do personagem de boné vermelho no 2º quadrinho. Em sua fala também foram empregadas gírias da atualidade? Se sim, quais são elas?

5. No último quadrinho, o personagem diz que se sente a "tecla SAP entre gerações".

a) Qual é a função da tecla SAP nos aparelhos de televisão?

b) Explique a fala do personagem.

A variação linguística NA CONSTRUÇÃO DO TEXTO

Leia a seguir alguns memes extraídos de um perfil das redes sociais.

Imagens: Reprodução/Artes Depressão/@artesdepressao, Reprodução/www.gerarmemes.com.br

(Disponível em: https://www.instagram.com/artesdepressao/?hl=pt-br. Acesso em: 17/6/2019.)

1. Observe as imagens de cada um dos memes.

a) O que há de comum entre elas?

____

____

____

b) Qual é a relação entre essas imagens e o nome do perfil criador desses memes?

____

____

____

c) As imagens não são escolhidas de forma aleatória. Explique brevemente a relação existente entre cada uma das imagens e o conteúdo do texto do meme.

d) O primeiro meme foi criado em comemoração a uma data específica. Deduza qual é essa data e justifique sua resposta.

2. A seguir estão listadas algumas características da variedade linguística utilizada nos memes. Indique, entre os memes, ao menos um exemplo de cada uma dessas características.

a) Uso de uma expressão de 3ª pessoa do singular no lugar da 1ª pessoa do plural, acarretando uma mudança na conjugação da forma verbal.

b) Incorporação de termos estrangeiros à língua.

c) Utilização de pronomes pessoais do caso reto (eu, ele, nós) como complementos verbais.

d) Emprego de gírias.

e) Concordância feita com base em uma regra de economia, na qual apenas o primeiro termo é colocado no plural.

f) Uso do verbo **ter** com sentido de "haver, existir".

3. É comum os textos dos memes utilizarem uma linguagem próxima dos usos mais cotidianos. Observe as seguintes afirmações sobre a linguagem dos memes lidos e assinale com V as que são verdadeiras e com F as que são falsas.

- [ ] Os memes lidos empregam uma linguagem que segue exatamente as regras da norma-padrão, que é utilizada mesmo em situações informais.
- [ ] Os memes lidos empregam uma linguagem próxima da fala dos brasileiros que utilizam variedades urbanas de prestígio, em situações informais.
- [ ] Os memes lidos empregam uma linguagem próxima das variedades rurais, conhecidas também como dialeto caipira, utilizada em situações informais.
- [ ] Os memes lidos fazem uso de uma linguagem cotidiana a fim de se aproximar de seus leitores e levá-los a se colocar na situação descrita, o que contribui para a construção do efeito humorístico.
- [ ] Os memes lidos fazem um uso preconceituoso de uma linguagem estereotipada, contribuindo para estigmatizar a fala popular e criando efeito de humor com base na humilhação de um grupo de pessoas.

SEMÂNTICA E DISCURSO

Você vai ler, a seguir, a transcrição do trecho de uma conversa entre dois grandes nomes da literatura brasileira: Ferreira Gullar e Ziraldo, em uma entrevista do programa *ABZ do Ziraldo*, da TV Brasil.

Reprodução/Youtuve/FBL Video

› Ziraldo recebe Ferreira Gullar em seu programa.

Ziraldo: [...] Eu queria conversá com você sobre a/a/você, a poesia e a criança É/Quand'é/ quand'é que essa coisa aconteceu na sua carreira de poeta. Quand'é que a criança apareceu na sua poesia? [...] A criança pra criança?

Ferreira Gullar: Ah, sim... Veja bem... O/O/ Eu nunca tinha escrito livro infantil, qué dizê, livro pra criança, eu nunca tinha escrito. Quando eu ganhei o gatinho que/que/cujo nome é/ que eu botei o nome de Gatinho, porque/eu não, os meus filho, todo mundo, ninguém sabia que nome botá no gato, né? O gato siamês, criou-se o problema e aí ele ficou sendo Gatinho... é... e tanto que o livro se chama *Um gato chamado Gatinho* [...] Mas esse livro [...] eu o fiz é/meio assim pra/pro meus neto, é/contando nos poemas as gracinhas do do Gatinho. [...]

Ziraldo: Gullar, o negócio é o seguinte [...] tem u'a coisa que cê me contô que [...] acabô viranu artista plástico que nem o Matisse, né, começô a cortá coisa e a colá... e aconteceu que as criança adoráru, né, esse/esse com'é que chama esse/com'é que ficô chamanu o livro?

Ferreira Gullar: O problema é o seguinte, eu comecei a fazê umas colagens, eu desenhava umas garrafas, um/co/como se fosse uma natureza-morta, e depois recortava papel colorido pra colá em cima daquele desenho que eu tinha feito. Aí, um dia, eu/eu fiz o desenho, recortei o papel, ia colá, quando tocô o telefone. Aí eu fui atendê e o meu gatinho deu um tapa no papel e desarrumô o/o/o/os pedaço colorido. Aí quando eu voltei tava embaixo o desenho regular que eu tinha feito e em cima o/o/a anarquia que ele criô. E tava lindo. Aí eu colei tal como tava ali. Ele passô a sê meu colaboradô, coautô.

[...]

(Transcrito do vídeo disponível no YouTube pelo *link* https://www.youtube.com/watch?v=InMPQcHXZKI. Acesso em: 16/12/2022.)

1. Como se trata de uma transcrição de fala, é possível perceber no texto traços específicos da oralidade, que não são utilizados na escrita padrão.

a) Que palavras ou expressões escritas de forma diferente do padrão nessa transcrição são comuns na fala de muitos brasileiros?

b) A seguir estão descritos alguns fenômenos comuns à fala brasileira que aparecem nas falas de Ziraldo e Gullar. Relacione-os aos termos e às expressões listados por você no item **a**.

- O apagamento do /r/ final de algumas palavras, especialmente nas formas verbais do infinitivo.

- A terminação **-ndo** dos gerúndios (falando, comendo) é frequentemente pronunciada como "nu".

- A marcação do plural apenas no primeiro elemento da expressão pluralizada.

- A junção, na fala transcrita, de duas palavras em sequência pronunciadas de forma aglutinada.

Zeca Guimaraes/Folhapress

› Ferreira Gullar.

2. Numere a segunda coluna de acordo com as características correspondentes descritas na primeira coluna:

I. Termos utilizados para marcar a interação com o interlocutor em uma conversa.

II. Retomada e repetição do tópico sobre o qual se fala.

III. Redução de alguns fonemas da palavra como uma forma de economia na fala.

IV. Correção e reelaboração imediata.

( ) "**cê** me **contô** que [...] **acabô** viranu artista"

( ) "**Ah, sim... Veja bem...**"/ "as criança adoráru, **né**"

( ) "eu botei o nome de Gatinho, porque/**eu não, os meus filho, todo mundo, ninguém** sabia que nome botá no gato"

( ) "**Eu nunca tinha escrito livro infantil**, qué dizê, **livro pra criança, eu nunca tinha escrito**"

3. Imagine que sua turma ficou responsável por publicar essa entrevista no jornal mural da escola.

a) Reúna-se em grupo com os colegas e passe a primeira pergunta e a primeira resposta da entrevista para a modalidade escrita, de acordo com a norma-padrão, fazendo as alterações que julgarem necessárias.

› *Um gato chamado Gatinho*, livro de poemas de Ferreira Gullar nos quais ele registra sua grande amizade pelo gato siamês que foi seu companheiro por longos anos.

b) Compare a sua versão com a versão do vídeo e indique quais são as principais diferenças entre elas.

c) Conclua: A linguagem utilizada pelos autores nessa conversa pode ser considerada adequada à situação de comunicação? Justifique sua resposta.

____

____

____

____

____

4. Analise as afirmações a seguir a propósito do trecho transcrito e do trecho escrito por você na questão anterior. Depois, indique quais são verdadeiras (V) e quais são falsas (F).

☐ A diferença entre as versões se dá porque a fala é sempre bagunçada e sem regras, ao passo que a escrita é organizada e segue regras rígidas.

☐ A diferença entre as versões se dá porque fala e escrita são modos distintos de usar a língua e, portanto, seguem regras também distintas.

☐ Analisar o trecho da fala de uma pessoa e compará-lo com sua versão escrita comprova que os brasileiros falam errado na maior parte do tempo e, por isso, precisam aprender as regras da escrita, para serem capazes de utilizá-las quando forem gravar vídeos que serão divulgados.

☐ Analisar o trecho da fala de uma pessoa ajuda a perceber nuances características da oralidade, importantes para o seu funcionamento, que passam despercebidas quando nos detemos apenas no estudo de textos escritos.

5. Por serem escritores reconhecidos em todo o país, Ziraldo e Ferreira Gullar podem ser considerados parte de uma elite cultural brasileira. Troque ideias com os colegas e o professor:

a) As diferenças entre as formas da fala e da escrita depreciam a imagem dos autores?

____

b) A mesma fala poderia sofrer preconceito linguístico, caso tivesse sido dita por uma pessoa sem escolaridade e com uma profissão pouco valorizada em nossa sociedade? Levante hipóteses: Por que isso acontece?

Ricardo Borges/Folhapress

› Ziraldo.

____

____

____

____

____

6. Compare a linguagem utilizada na entrevista com a forma como você, seus colegas e o professor usam a língua e conclua:

a) Na fala cotidiana da região onde você mora, é comum utilizar estruturas da língua e pronunciar algumas palavras da mesma forma que Ziraldo e Ferreira Gullar fizeram? Quais?

b) Há alguma grande semelhança ou diferença percebida por vocês?

PARA ESCREVER COM coesão

A coesão referencial

Leia este texto de curiosidade:

A criação da seringa

Imaginada no século XV pelo italiano Gattinara, a primeira seringa teve de esperar quase duzentos anos para ser realmente colocada em prática. Os ingleses C. Wren e R. Boyle fizeram as primeiras demonstrações da novidade em 1657.

A seringa hipodérmica foi criada em 1853 pelo médico francês Charles Pravaz (1791-1853). Ela possibilitava injetar os remédios diretamente no organismo, antes só tomados por via oral. O médico londrino Fergusson foi o primeiro a usar o vidro, que permite acompanhar a saída do medicamento da injeção. Mas foi o francês Luer quem, em 1869, fabricou a primeira seringa todinha de vidro.

(Marcelo Duarte. Disponível em: https://www.guiadoscuriosos.com.br/ciencia-e-saude/a-criacao-da-seringa/. Acesso em: 3/11/2022.)

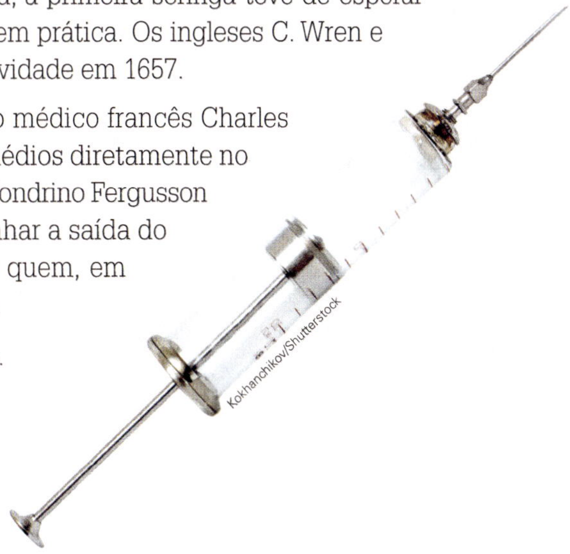
Kokhanchikov/Shutterstock

1. De acordo com o texto, quanto tempo se passou entre a concepção da seringa e sua aplicação prática?

2. A respeito do 1º parágrafo do texto, responda:

a) Por que a palavra **imaginada**, que introduz o texto, está no feminino? Qual é o seu referente, ou seja, a que ela se refere?

b) Que outras palavras da mesma frase, também no feminino, referem-se ao mesmo ser?

c) Que outra palavra do mesmo parágrafo substitui a palavra identificada por você no item **a**?

3. Agora, observe o 2º parágrafo do texto.

a) Nele, a palavra **seringa** foi particularizada, isto é, fala-se de uma seringa específica. Que seringa é essa?

b) Quais outras palavras substituem o termo **seringa** nesse parágrafo?

c) Que outra palavra retoma e substitui o termo **remédios**, empregado anteriormente?

Você já aprendeu, no capítulo 2, que coesão textual é a conexão gramatical entre palavras, frases e parágrafos de um texto. Entre os tipos de coesão, há a **coesão referencial**, que ocorre quando um termo substitui uma palavra, uma frase ou um trecho do texto (chamado **referente**), já expresso ou ainda a ser expresso, evitando repetições e garantindo a conexão entre as partes.

No texto lido, por exemplo, a palavra **seringa** foi substituída pelos substantivos **novidade** e **injeção** e pelo pronome **ela**, evitando repetições. Da mesma forma, o substantivo **remédios** é substituído pela palavra **medicamento**, que pertence à mesma área semântica, evitando repetição.

Na primeira frase do 1º parágrafo, as palavras **imaginada** e **colocada** foram empregadas no feminino porque estão semântica e gramaticalmente ligadas à palavra **seringa**, substantivo feminino. Além disso, houve **elipse** (supressão) do pronome **ela**, facilmente subentendido pelo contexto. Veja:

> "a primeira seringa teve de esperar quase duzentos anos para [**ela**] ser realmente colocada em prática."

Chamamos de **referente** o elemento retomado ou anunciado. Os elementos do texto vão sendo retomados ou anunciados para que o texto tenha fluência e continuidade. A retomada pode se dar por repetição, substituição (por pronomes ou por palavras com valor de sinônimo ou hiperônimo) ou elipse.

Substituição	Sinônimo — palavra com sentido próximo: cão, cachorro. Hiperônimo — palavra com sentido mais amplo ou genérico, que engloba outras: felino — gato, tigre, onça, leão.
Elipse	Ausência do termo, que fica pressuposto e pode ser inferido pelo interlocutor: Onde está meu gato? Sumiu!

Exercícios

Leia a tira de Alexandre Beck e responda às questões 1 a 4.

(Jornal *Zero Hora*, 2019.)

1. Na tira, há duas visões diferentes e opostas sobre o uso de agrotóxicos: a de Fê e a de Pudim.

a) Quais são as duas visões?

____

____

b) Por que Pudim não se preocupa com o uso de agrotóxicos?

____

____

c) Observe a parte não verbal do 3º quadrinho. Fê e Armandinho parecem concordar com Pudim? Justifique sua resposta com elementos não verbais da tira.

____

____

2. Na fala da personagem Fê, no 1º quadrinho, há o uso do pronome **nos** em "pode nos deixar doentes!". Esse pronome se refere apenas aos três personagens da tirinha?

3. Na fala de Pudim no 3º quadrinho, ele utiliza o pronome **eles**. Levante hipóteses: Quem são **eles**?

4. Na tirinha, algumas palavras são usadas para retomar outras.

a) O que o pronome **isso**, usado no 2º quadrinho, retoma?

b) A que se refere o pronome **o** em "é o que eu digo"?

c) A que o pronome **tudo** se refere?

Leia o texto a seguir:

Você sabia...
... que cachorros e gatos não pegam dengue, chikungunya ou zika?...

Ufa! Pelo menos nossos bichos de estimação estão livres de contrair essas três doenças transmitidas pelo mosquito *Aedes aegypti*. Por quê? Bem, ao que tudo indica, os vírus da dengue, *chikungunya* e *zika* infectam exclusivamente os primatas, grupo ao qual pertencem, por exemplo, os gorilas, os micos, os chimpanzés e os humanos, como eu e você.

Dora Zett/Shutterstock

É bem verdade que o mosquito — ou melhor, a fêmea do *Aedes aegypti*, que necessita de sangue para nutrir seus ovos — pode picar cachorros, gatos, aves e outros bichos. Mas os vírus da dengue, *chikungunya* e *zika* que ela pode transmitir nessa picada só encontram organismos propícios para se desenvolver nos primatas.

Por outro lado, há outros mosquitos que podem, sim, transmitir parasitas que causam doenças ao seu cão ou gato de estimação. O mosquito-palha, por exemplo, pode transmitir com sua picada um micro-organismo chamado *Leishmania*, causador da leishmaniose, doença grave que provoca lesões na pele e nos órgãos.

Há ainda outros mosquitos que podem ser vetores da *Dirofilaria*, um verme que causa a dirofilariose — também conhecida como "doença do coração".

A leishmaniose e a dirofilariose são mais comuns em cães, mas podem também afetar gatos. Aliás, em ambientes com muitos mosquitos e pernilongos, os gatos podem desenvolver uma espécie de alergia às picadas desses insetos, que precisa ser tratada.

Para prevenir essas e outras doenças e manter seu cachorro ou gato saudável, é importante levá-lo a um médico veterinário periodicamente e estar com a vacinação sempre em dia. Junte isso a uma boa alimentação, passeios e brincadeiras, e seu bichinho terá uma vida tranquila e saudável!

[...]

(Disponível em: http://chc.org.br/voce-sabia-4/. Acesso em: 3/11/2022.)

5. No 1º parágrafo, há a retomada de palavras do título e do subtítulo do texto.

a) Que expressão retoma **cachorros e gatos**?

____

b) Que expressão retoma **dengue, chikungunya ou zika**?

____

____

c) Reescreva o 1º parágrafo, repetindo as mesmas palavras utilizadas no título e no subtítulo. Discuta com a turma: Como o texto ficaria sem as substituições?

____

____

____

____

____

____

____

____

____

6. No 1º parágrafo, há um trecho que explica a palavra **primatas**.

a) Qual é esse trecho?

b) Qual termo desse trecho é um hiperônimo da palavra **primatas**?

c) Quais termos desse trecho especificam a palavra **primatas**?

7. No 2º parágrafo, que palavra ou expressão o pronome **ela** retoma?

8. No último parágrafo, há algumas estratégias de coesão referencial.

a) O que o pronome **essas** na expressão "essas e outras doenças" retoma?

b) O pronome **o** em **levá-lo**, pode ter mais de um referente. Quais são eles?

c) Que outro termo do parágrafo retoma o mesmo referente apontado por você no item **b**? Tendo em vista as diferentes estratégias de retomada que você estudou nesta seção, conclua: Qual delas foi utilizada nesse caso? Justifique sua resposta.

d) O que o pronome **isso** retoma em "Junte isso a uma boa alimentação"?

(Disponível em: https://pt.memedroid.com/memes/detail/414827. Acesso em: 16/12/2022.)

CAPÍTULO 4

Fonema e letra

Construindo o conceito

Leia este poema de Arnaldo Antunes:

Sol feliz —

— e não sou.

A chuva
cai —

— como uma
luva.

Acervo da editora

(*Tudos*. 6. ed. São Paulo: Iluminuras, 2001. s/p.)

1. O poema apresenta mais de uma possibilidade de leitura. Troque ideias com os colegas e com o professor e responda:

a) De que forma podemos ler o poema?

b) Qual das formas de leitura indicadas por você no item **a** parece ser mais produtiva em termos de construção de sentidos? Justifique sua resposta.

2. Ao ler o poema na horizontal:

a) parece estar implícita ou faltar no verso "— e não sou." uma palavra que completaria essa frase. Levante hipóteses: Que palavra é essa?

b) explique a oposição entre os versos "Sol feliz —" e "— e não sou.".

3. Os versos "A chuva/ cai —/ —como uma/ luva." formam uma única frase.

a) Explique a comparação presente nessa frase, considerando o estado emocional do eu lírico.

b) Relacione essa frase aos versos da parte superior do poema e explique por que a chuva cai como uma luva.

4. Além de explorar oposição e comparação de ideias, o poema também explora a sonoridade das palavras.

a) Que palavra do poema se assemelha ao som e à grafia da palavra **Sol**?

b) Se considerarmos apenas a sonoridade dessas duas palavras, o que as diferencia?

5. Nos versos da parte inferior do poema também ocorre uma aproximação sonora entre duas palavras.

a) Quais são elas?

b) Quantas letras tem cada uma delas?

O que é fonologia?

É a parte da gramática que estuda os fonemas (sons) da língua, sua organização e classificação. Também cuida de aspectos relacionados à divisão silábica, à ortografia e à acentuação das palavras na língua escrita, bem como indica a forma adequada de pronunciar algumas palavras, de acordo com a norma-padrão da língua.

c) O que as diferencia quanto à grafia?

d) Pronuncie essas palavras lentamente. Quantos sons tem cada uma delas? O que as diferencia quanto à sonoridade?

Conceituando

A unidade básica da comunicação verbal é a palavra, que pode ser dividida em unidades menores, como as sílabas e os sons, na fala, ou as sílabas e as letras, na escrita.

Fonema é a menor unidade representativa dos sons da língua.

Ao responder às questões anteriores, você notou que as palavras *chuva* e *luva* apresentam sonoridade aproximada. Apesar de uma ter cinco letras na escrita e a outra, quatro letras, na fala ambas têm quatro unidades sonoras. Essas unidades sonoras que constituem uma palavra são chamadas de fonemas. Tradicionalmente, os fonemas são representados entre barras inclinadas. Os fonemas da palavra **chuva** são / ʃ /, /u/, /v/ e /a/, e os da palavra **luva** são /l/, /u/, /v/ e /a/.

Compare a representação dos fonemas das palavras **chuva** e **luva**:

/ ʃ /, /u/, /v/, /a/
↕
/ l /, /u/, /v/, /a/

Filipe Rocha/Acervo da editora

Embora as duas palavras tenham quatro fonemas, há entre elas uma diferença de significado. O que determina isso é a oposição entre os fonemas /ʃ/ e /l/.

Assim, podemos concluir que o fonema exerce duas funções:

- constitui palavras, sozinho ou ao lado de outros fonemas;
- distingue uma palavra de outra.

Quando queremos representar na escrita os sons da fala, utilizamos as **letras**. Observe a correspondência entre fonemas e letras:

Sol → /sɔw/	como → /komu/
sou → /sow/	uma → /uma/

Letra é a menor unidade gráfica de uma palavra.

Exercícios

Leia o texto a seguir:

Jogos eletrônicos movimentam o mercado brasileiro

14 de fevereiro de 2023

Gorodenkoff/Shutterstock

O mercado digital ao todo tem se ampliado rapidamente nos últimos anos. O amplo desenvolvimento da tecnologia e implementação da IA, dentre outras novidades, estão aos poucos transformando o ambiente que conhecemos para um totalmente diferente daquele experimentado poucas décadas atrás.

[...]

Atualmente, é comum dizer que as crianças já nascem sabendo utilizar um celular ou dominam as ferramentas digitais. E isso não é uma **falácia** quando percebemos que a nova geração parece ter facilidade em lidar com a tecnologia. [...]

falácia: falsidade; qualquer enunciado ou raciocínio falso que entretanto simula a veracidade.

[...] Segundo pesquisa realizada pela Game Brasil em 2022, 74,5% dos brasileiros jogam algum tipo de jogo, seja no smartphone, computador ou console.

A faixa etária que mais utiliza é a de 25 a 34 anos, seguida pelos adolescentes e jovens adultos (16 a 24 anos). Os públicos adulto e idoso também parecem utilizar cada vez mais os aparelhos para jogos, somando 21% na fatia das pessoas que acessam jogos online.

Houve um aumento no uso dos celulares para jogos, já que cerca de 48,3% das pessoas que jogam o fazem a partir do aparelho. A preferência, ainda segundo a pesquisa, vai para jogos casuais, aqueles que não precisam de evolução, e que podem ser acessados em qualquer lugar.

Já aqueles que se dedicam aos jogos que exigem evolução e concentração somam cerca de 33% do mercado. É esse o público que é mais visado pelas grandes corporações.

[...]

E, por fim, podemos falar de um nicho que também está numa crescente: os influencers que recebem para jogar ou para comentar partidas de gamers famosos. Dentre as plataformas preferidas por eles estão o Twitch e o Youtube, que alcançam números consideráveis e atraem a atenção de parceiras. Canais como o de Fallen, Gaules e outros gamers vêm alcançando números de acessos que batem recordes mundiais. E a tendência é que esse crescimento que começou durante 2020, continuará nos próximos anos.

(Disponível em: https://lagartocomoeuvejo.com.br/2023/02/jogos-eletronicos-movimentam-o-mercado-brasileiro/. Acesso em: 15/2/2023.)

1. O texto aborda o mercado de jogos eletrônicos no Brasil.

a) Segundo o texto, qual é a faixa etária das pessoas que mais jogam?

b) Você costuma fazer uso de algum jogo eletrônico? Comente com os colegas.

c) Marque se as afirmações a seguir são verdadeiras (V) ou falsas (F), de acordo com o texto.

- [ ] O mundo dos jogos continua muito semelhante ao de poucas décadas atrás.
- [ ] As novas gerações têm muita facilidade para lidar com as tecnologias.
- [ ] A maioria das pessoas que jogam o fazem pelo celular.
- [ ] Os jogadores preferem jogos casuais.
- [ ] Canais de *gamers* vêm batendo recordes mundiais nos últimos anos.

2. Observe estas palavras do texto:

jovens	jogos	digital	tecnologia	já
geração	algum	seja	seguida	lugar

a) Em que palavras há o fonema /ʒ/ (lê-se "gê")? Que letras representam esse fonema?

Sevastsyanau Uladzimir/Shutterstock

b) A letra **g**, além de representar o fonema /ʒ/ ("gê"), pode representar o fonema /g/ ("guê"). Em quais das palavras acima ela representa o fonema /g/?

c) Qual(is) letra(s) representa(m) o fonema /g/ ("guê") na palavra **seguida**?

3. Observe, agora, este outro grupo de palavras do texto:

se	implementação	conhecemos	crianças	nascem	isso
falácia	segundo	adolescentes	somando	acessam	próximos

Em que palavras o fonema /s/ é representado:

a) pela letra **s**? ______

b) pelas letras **ss**? ______

c) pelas letras **sc**? ______

d) pela letra **c**? ______

e) pela letra **x**? ______

f) pela letra **ç**? ______

4. No grupo de palavras da questão 3, a letra **c** também representa, em alguns casos, o fonema /k/.

a) Identifique essas palavras. ______

b) Quais letras representam esse mesmo fonema nas palavras **quando** e **aqueles**? ______

5. Leia em voz alta estas palavras:

experimentado	atrás	vez

a) Como você pronuncia as letras **x**, **s** e **z** em cada uma delas?

______

b) Compartilhe sua pronúncia com os colegas e o professor e responda: Na turma, há variações de pronúncias?

______

______

6. Dê o número de fonemas destas palavras do texto:

acessados	houve	durante

______

7. Agora, observe este outro grupo de palavras:

desenvolvimento   pesquisa   fazem   exigem

Em todas elas há o fonema /z/. Que letras representam esse fonema?

____

8. Observe estes pares de palavras:

transformando — *smartphone*   nicho — faixa

Em cada par, há um único fonema consonantal que é representado por letras diferentes. Quais são esses fonemas? Quais letras os representam?

____

____

9. Leia estas palavras:

sexo   extraordinário   táxi   deixar
máximo   mexilhão   exame   exato   tóxico

Em quais dessas palavras a letra **x** corresponde:

a) ao fonema:

- /ʃ/ ("chê")? ______________________
- /s/ ("sê")? ______________________
- /z/ ("zê")? ______________________

b) aos fonemas /ks/? ______________________

10. Com base nos exercícios anteriores, podemos chegar a três conclusões a respeito da relação entre os fonemas e as letras. Quais são elas? Indique-as entre as afirmações a seguir.

a) Um fonema pode ser representado na escrita por uma ou por várias letras.

b) Uma única letra pode representar diferentes fonemas.

c) Um fonema será sempre representado por uma única letra.

d) Uma letra só pode representar um fonema.

e) A letra **x** pode representar dois fonemas: /ks/.

Classificação dos fonemas

Os fonemas classificam-se em vogais, semivogais e consoantes.

Vogais e semivogais

A escritora Adriana Falcão criou um dicionário diferente, cujas definições nem sempre coincidem com as do dicionário comum. Leia este verbete:

Causa

Aquilo que vem antes do efeito e todo mundo disputa a autoria quando o resultado é satisfatório.

(*Pequeno dicionário de palavras ao vento.* 2. ed. São Paulo: Salamandra, 2013.)

1. Tomando como base o verbete, deduza: O que se pode depreender que ocorre quando o resultado não é satisfatório?

2. Pronuncie em voz alta a palavra **causa**.

a) Na primeira sílaba da palavra, qual das duas letras é pronunciada mais forte ou com maior intensidade: **a** ou **u**?

b) Que outra palavra do verbete apresenta uma situação idêntica à que você examinou no item **a**?

3. Observe agora a pronúncia das palavras **efeito** e **satisfatório**.

a) Em **efeito**, no encontro das letras **ei**, qual delas é pronunciada mais forte?

b) E no encontro das letras **io** da palavra **satisfatório**?

Leia agora este outro verbete criado por Adriana Falcão:

Mesquinharia

Quando baixa um Tio Patinhas na generosidade da pessoa.

(Idem.)

Filipe Rocha/Acervo da editora

4. Qual é o sentido da expressão "baixa um Tio Patinhas" no verbete? Justifique sua resposta.

5. Compare agora as palavras **baixa** e **mesquinharia**.

a) Em **baixa**, a letra **i** é pronunciada de modo forte ou fraco?

b) E em **mesquinharia**, como é pronunciada a letra **i** do final da palavra?

6. Pronuncie em voz alta as palavras **autoria**, **mesquinharia**, **baixa**, **efeito** e **saúde**.

a) Divida as palavras em sílabas.

b) Em que casos os sons vocálicos se separam?

c) Em que casos não se separam?

Você observou que a letra **i** pode representar fonemas diferentes. Em **autoria**, ela constitui o fonema vocálico /i/ e, em **baixa**, o fonema /y/ (som "i"). No primeiro caso, ela é uma vogal e é pronunciada de maneira mais forte; no segundo caso, é pronunciada de maneira fraca, por isso é chamada de semivogal.

Toda sílaba tem uma vogal, mas semivogais não podem constituir sílaba. Por isso, em **autoria**, há quatro sílabas: **au-to-ri-a**. Já em **baixa**, a letra **a** da primeira sílaba é vogal, e a letra **i** é semivogal; assim, há na palavra duas sílabas: **bai-xa**. Quando a letra **i** não representa vogal e sim semivogal, o fonema semivocálico /y/ não constitui sílaba.

O mesmo ocorre com a letra **u**. Quando ela é pronunciada de modo fraco, como em **c*au*sa** ou ***au*toria**, ela representa o fonema semivocálico /w/ (som "u"). Já em **saúde**, a letra **u** representa o fonema vocálico /u/, pois é pronunciada com forte intensidade.

Vogal é o fonema produzido por uma corrente de ar que, vinda dos pulmões, passa livremente pela boca. As vogais funcionam como base da sílaba.

Semivogal é o fonema produzido como vogal, mas pronunciado de modo mais fraco, com baixa intensidade. Por isso não constitui sílaba e sempre acompanha uma vogal.

Os fonemas vocálicos podem ser orais ou nasais. São orais quando em sua produção o ar sai exclusivamente pela boca e nasais quando, em sua produção, o ar sai simultaneamente pela boca e pelo nariz, como ocorre com /ẽ/ na palavra ***vem*** e /ũ/ na palavra **m*u*ndo**. Veja a correspondência entre fonemas vocálicos e letras:

fonemas vocálicos orais	**letras correspondentes**
/a/ /ɛ/ /e/ /i/ /ɔ/ /o/ /u/	a, é, e, i, ó, o, u
fonemas vocálicos nasais	**letras correspondentes**
/ã/ /ẽ/ /ĩ/ /õ/ /ũ/	ã, am, an, em, en, im, in, õ, om, on, um, un

Os fonemas semivocálicos, representados pelos símbolos /y/ e /w/, podem corresponder a mais de uma letra na escrita.

Observe:

pai → / p a y /
vogal semivogal

água → / a g w a /
semivogal vogal

mãe → / m ã y /
vogal semivogal

mágoa → / m a g w a /
semivogal vogal

Além disso, na maior parte do nosso país, quando a letra **l** está em final de sílaba, ela também pode apresentar o som do fonema semivocálico /w/. Veja: **sol**: /sɔw/; **mal**: /maw/.

fonemas semivocálicos	**letras correspondentes**
/y/ /w/	i, e, o, u

Consoantes

1. Releia os verbetes criados por Adriana Falcão e encontre palavras que contenham os seguintes fonemas:

- /k/ (como o da letra **c** em **cão**): ______
- /s/ (como o da letra **s** em **sapato**): ______
- /z/ (como o da letra **s** em **casa**): ______
- /ʃ/ (como o da letra **x** em **mexer**): ______

2. Troque ideias com os colegas e o professor e encontre outras palavras do português que contenham os mesmos sons observados por vocês na questão 1, representados por outras letras. Se julgarem conveniente, consultem um dicionário.

Ao analisar os sons de algumas letras nas questões 1 e 2, você observou alguns fonemas consonantais e viu que alguns deles podem ser representados ortograficamente por diferentes letras ou sequências de letras, de acordo com a nossa convenção ortográfica. As letras correspondentes aos fonemas consonantais são chamadas consoantes.

As consoantes se juntam às vogais e às semivogais para constituir uma sílaba. Não existe, no português, sílaba formada apenas por consoantes.

Os sons consonantais têm diferentes formas de articulação, podendo ser produzidos com articulação nos lábios, nos dentes, nos alvéolos ou no palato, e, assim como os sons vocálicos, também podem ser orais ou nasais.

Consoante **é o fonema produzido por uma corrente de ar que, vinda dos pulmões, encontra obstáculos (língua, dentes, lábios).**

Exercícios

Leia, ao lado, um poema de Arnaldo Antunes.

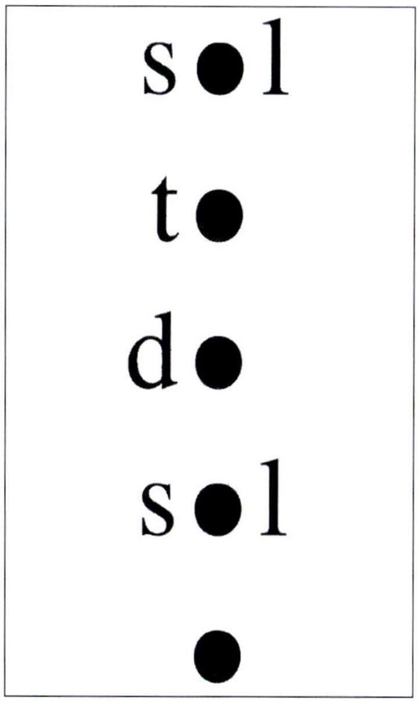

(*2 ou + corpos no mesmo espaço*. São Paulo: Perspectiva, 1997. p. 13.)

Arnaldo Antunes/Acervo do artista

1. O poema faz um jogo de letras, sílabas e palavras que leva o leitor a montar palavras e a descobrir novos sentidos para o texto. Descubra as palavras do poema, considerando tanto o sentido convencional da leitura — da esquerda para a direita — quanto o sentido vertical — de cima para baixo.

______

______

______

2. O poema tem uma apresentação visual que dialoga com as ideias do texto. Levante hipóteses:

a) Por que a letra **o** de todas as palavras está preenchida com a cor preta?

b) Considerando o poema na vertical, o que pode representar a letra **o** perpassando todas as palavras até ficar sozinha no último verso?

3. Como você já viu, as letras podem representar mais de um fonema. Observe a sonoridade da letra **o** nestas palavras:

sol solto

a) Que som apresenta a letra **o** em **sol**?

b) E em **solto**?

c) Em algumas regiões do país, a letra **l** pode apresentar, em final de sílaba, o som da semivogal **u** (/w/); em outras, o som do fonema /l/. Qual é o som da letra **l** nas palavras **sol** e **solto** em sua cidade ou região?

Sílaba

Leia estes quadrinhos de Ziraldo:

(*Curta o Menino Maluquinho*. São Paulo: Globo, 2006. p. 40.)

1. O Menino Maluquinho está em uma loja. Observe a fala do vendedor no 1º quadrinho e levante hipóteses: O que o Menino Maluquinho deve ter pedido ao homem?

2. No 2º, no 3º e no 4º quadrinhos, o vendedor tenta vender uma das bicicletas da loja ao menino. O que ele destaca sobre o produto, imaginando que o menino vá se interessar?

3. O Menino Maluquinho rejeita todas as ofertas e diz que quer uma bicicleta "especial", ou seja, uma bicicleta "sem freio". Logo, o que o Menino Maluquinho procura em uma bicicleta?

4. Observe o modo como a palavra **especial** foi escrita no 5º quadrinho: **ES-PE-CI-AL**. Por que ela foi registrada dessa forma?

____

____

5. A palavra **especial**, nesse quadrinho, foi dividida em partes menores, a que chamamos **sílabas**.

a) Quantas sílabas há na palavra **especial**?

____

b) Quantas vogais há em cada sílaba?

____

6. Observe que, no 3º quadrinho, a palavra **carbono** foi divida em duas partes: **CARBO-NO**.

a) Quantas sílabas tem essa palavra?

____

b) Por que ela foi dividida dessa forma?

____

Nos quadrinhos, a palavra **especial** foi dividida em quatro sílabas. Se você a ler em voz alta, perceberá que cada sílaba é pronunciada em uma só emissão de voz e que a base dela é sempre uma vogal.

> **Sílaba** é um fonema ou grupo de fonemas que são pronunciados em uma só emissão de voz, com base em uma vogal.

Classificação das palavras quanto ao número de sílabas

De acordo com o número de sílabas, as palavras classificam-se em:

- **monossílabas**: são palavras de uma sílaba só:

  só   já   nem   mar   que

- **dissílabas**: são palavras de duas sílabas:

  sabor   cores   amor   você

- **trissílabas**: são palavras de três sílabas:

  leveza   beleza   grafite   pimenta

- **polissílabas**: são palavras de mais de três sílabas:

  interminável   melancia   Juliana

ANN PATCHANAN/Shutterstock

Sílaba tônica e sílaba átona

Em uma palavra, nem todas as sílabas são pronunciadas com a mesma intensidade. Ao falar em voz alta a palavra **melancia**, por exemplo, você perceberá que a sílaba **ci** é pronunciada com mais força do que as outras.

De acordo com a maior ou menor intensidade na pronúncia, as sílabas classificam-se em **tônicas** ou **átonas**.

Sílaba tônica é a pronunciada com mais intensidade.

Sílaba átona é a pronunciada com menos intensidade.

Assim:

me	**lan**	**ci**	**a**
átona	átona	tônica	átona

Classificação das palavras quanto à posição da sílaba tônica

Quanto à posição da sílaba tônica, as palavras de duas ou mais sílabas classificam-se em:

- **oxítonas**: quando a sílaba tônica é a **última** sílaba da palavra:

  joga**dor** mi**lhão** disputa**rá**

- **paroxítonas**: quando a sílaba tônica é a **penúltima** sílaba da palavra:

  ca**der**no **du**ro **cla**ro

- **proparoxítonas**: quando a sílaba tônica é a **antepenúltima** sílaba da palavra:

  fe**nô**meno **lâm**pada **pé**rola

Há muitas palavras que causam dúvida quanto à posição da sílaba tônica. Veja como são classificadas de acordo com a norma-padrão:

- são oxítonas: Nobel, refém, recém, sutil, ruim;
- são paroxítonas: avaro, caracteres, clímax, edito (lei, decreto), erudito, estratégia, filantropo, fluido (**ui** é ditongo), gratuito (**ui** é ditongo), fortuito (**ui** é ditongo), látex, maquinaria, meteorito, néctar, pudico, quiromancia, sótão, rubrica, tulipa;
- são proparoxítonas: aeródromo, álcool, alcoólatra, antídoto, arquétipo, autóctone, ávido, bígamo, condômino, crisântemo, êxodo, ínterim, pântano, protótipo;
- admitem dupla pronúncia as palavras: acróbata ou acrobata, hieróglifo ou hieroglifo, Oceânia ou Oceania, ortoépia ou ortoepia, projétil ou projetil, réptil ou reptil, sóror ou soror, zângão ou zangão.

Exercícios

Leia este texto:

MALUQUICES
23 de Setembro de 2022

Concurso de fotos engraçadas de animais divulga vencedores

› Kenichi Morinaga, fotógrafo japonês que registra imagens de gatos nas ruas, foi o vencedor geral. Foto: reprodução Instagram.

A premiação anual de fotografias engraçadas de animais de estimação, The Comedy Pet Photo Awards, divulgou o trabalho dos vencedores da edição de 2022, em 22 de setembro. O concurso recebeu cerca de 2 mil inscrições de tutores de bichos de estimação, que enviaram fotos e vídeos de seus bichanos para concorrer.

O vencedor da categoria geral clicou dois gatos que pareciam felinos sem cabeça. O fotógrafo recebeu 2 mil libras (aproximadamente 10,3 mil reais) e pôde escolher uma instituição de ajuda a animais à qual doar 5 mil libras (quase 26 mil reais).

[...]

(*Jornal Joca*. Disponível em: https://www.jornaljoca.com.br/concurso-de-fotos-engracadas-de-animais-divulga-vencedores/. Acesso em: 26/9/2022.)

1. No trecho:

"O vencedor da categoria geral clicou dois gatos que pareciam felinos sem cabeça."

a) Qual é o sentido da expressão "clicou dois gatos" no contexto?

____

b) Qual é a razão de, nessa frase, ter sido empregada a palavra **felinos** em vez de gatos?

____

Filipe Rocha/Acervo da editora

2. Você já teve oportunidade de ver ou tirar fotos engraçadas de animais de estimação? Se sim, conte para a turma como foi.

3. Faça a divisão silábica das seguintes palavras do texto:

a) premiação: ______________
b) fotografias: ______________
c) divulgou: ______________
d) vídeos: ______________
e) clicou: ______________
f) anual: ______________
g) animais: ______________
h) enviaram: ______________
i) categoria: ______________
j) pareciam: ______________

4. No grupo de palavras apresentadas na questão anterior:

a) Quais são palavras polissílabas?

____

b) Quais são trissílabas?

____

c) Quais são dissílabas?

____

d) Quais são oxítonas?

____

e) Quais são paroxítonas?

____

Encontro vocálico

Encontro vocálico é a sequência de fonemas vocálicos — vogais ou semivogais — em uma mesma sílaba ou em sílabas diferentes.

Há três tipos de encontro vocálico: **hiato**, **ditongo** e **tritongo**.

Hiato

É a sequência de duas vogais. Como em uma mesma sílaba só há uma vogal, as vogais do hiato ficam sempre em sílabas diferentes. Veja:

fo – to – gra – fi – a (fi – a: vogal + vogal)

a – nu – al (nu – al: vogal + vogal)

co – o – pe – rar (co – o: vogal + vogal)

Ditongo

É a sequência de uma vogal e uma semivogal. Como uma semivogal precisa do apoio de uma vogal para formar sílaba, o ditongo não pode ser dividido silabicamente. Veja:

di – vul – gou (gou: vogal + semivogal)

re – ce – beu (beu: vogal + semivogal)

dois (vogal + semivogal)

Observação

Os ditongos classificam-se em:

- **crescentes**: quando pronunciamos primeiro a semivogal e depois a vogal (a pronúncia vai do som mais fraco para o mais forte):

  trég**ua** = semivogal /w/ + vogal /a/

- **decrescentes**: quando pronunciamos primeiro a vogal e depois a semivogal (a pronúncia vai do som mais forte para o mais fraco):

  tes**ou**ro = vogal /o/ + semivogal /w/

Tritongo

É a sequência de uma semivogal, uma vogal e uma semivogal, sempre nessa ordem. Por conter uma única vogal, o tritongo é indivisível silabicamente. Veja:

en – xa – **guei** (semivogal + vogal + semivogal)

U – ru – **guai** (semivogal + vogal + semivogal)

Encontro consonantal e dígrafo

Leia este poema:

Receita de acordar palavras

PALAVRAS SÃO COMO ESTRELAS
FACAS OU FLORES
ELAS TÊM RAÍZES PÉTALAS ESPINHOS
SÃO LISAS ÁSPERAS LEVES OU DENSAS
PARA ACORDÁ-LAS BASTA UM SOPRO
EM SUA ALMA
E COMO PÁSSAROS
VÃO ENCONTRAR SEU CAMINHO

(Roseana Murray. *Receitas de olhar*. Belo Horizonte: Abacatte Editorial, 2023. p. 10.)

Observando a palavra **flores**, empregada no poema, verificamos que há correspondência entre o número de letras e o número de fonemas:

f l o r e s – 6 letras
/f l o r i s/ – 6 fonemas

Verificamos também que na palavra **flores** há uma sequência de consoantes (**fl**), isto é, um **encontro consonantal**.

Encontro consonantal é a sequência de consoantes em uma palavra.

Veja outros exemplos de encontros consonantais: pala**vr**as, **cr**ocodilo, **pr**o**bl**ema, **pl**ano, **pn**eu, co**br**a, A**dr**iana.

Observe agora a correspondência entre letras e fonemas na palavra **pássaros**:

p á s s a r o s – 8 letras
/p a s a r u s/ – 7 fonemas

Como você pode notar, o número de letras não coincide com o número de fonemas: as letras **ss**, juntas, representam um único fonema, /s/. Nesse caso, ocorre **dígrafo**.

Dígrafo é a combinação de duas letras que representam um único fonema.

Exercícios

Nos capítulos anteriores, você conheceu o gato Gaturro, personagem do cartunista argentino Nik. Leia este cartum do artista e tente descobrir onde o gato está, depois responda:

(*Gaturro a lo grande*. Buenos Aires: Catapulta, 2009. p. 39.)

1. Por que o tutor de Gaturro está tão bravo?

____

____

____

2. A mulher e os filhos do homem concordam com a decisão dele? Justifique sua resposta.

____

____

____

3. A expressão **fazer algo pelas costas** é bastante usada no português.

a) Que sentido geralmente ela tem?

____

b) Por que, no cartum, essa expressão ganha um sentido especial?

____

____

4. Considere estas palavras do cartum:

Gaturro	ponto	encontro	debaixo	armário
cozinha	lavanderia	escondendo	minhas	

Identifique, na lista de palavras:

a) os dígrafos vocálicos: ______________________

b) casos de dígrafos formados por consoantes: ______________________

c) dois ditongos: ______________________

d) um hiato: ______________________

Sons e letras NA CONSTRUÇÃO DO TEXTO

Leia o poema ao lado.

RIOIR

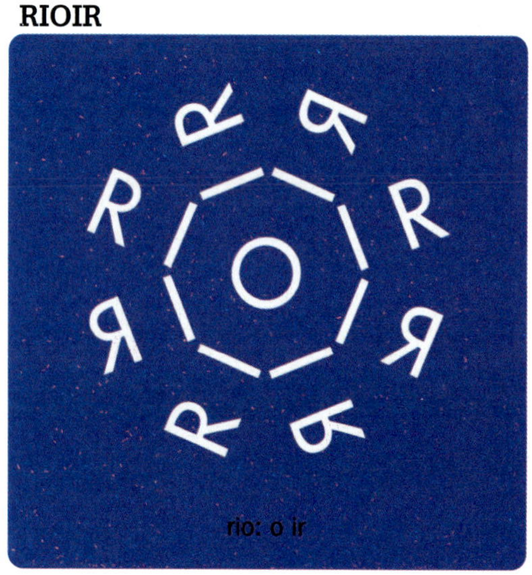

Arnaldo Antunes/Acervo do artista

(Arnaldo Antunes. Disponível em: http://arnaldoantunes.blogspot.com/2010/02/rioir.html. Acesso em: 19/12/2022.)

1. O poema apresenta duas partes: a primeira parte formada pelas letras RIOIR, que também pode ser compreendida como o título; e a segunda parte formada por uma disposição especial das mesmas letras da primeira parte.

a) Que palavras podem ser encontradas dentro do conjunto de letras RIOIR?

____

____

____

____

____

b) Leia RIOIR de trás para a frente. O que você descobriu?

c) Quando se lê essas letras de trás para a frente, formam-se novas palavras ou as mesmas?

2. O jogo de letras que você descobriu no item **b** da questão anterior se chama **palíndromo**.

a) Troque ideias com os colegas e depois escreva algumas palavras de nossa língua que são palíndromos.

b) Você conhece alguma frase que também forma um palíndromo? Se souber, escreva-a.

3. Observe a forma do poema e a disposição das letras na página.

a) Descreva-o.

b) Essa forma e disposição sugerem uma situação estática ou sugerem movimento?

4. Considerando o rio, responda:

a) Ele é um ser que está sempre em movimento ou parado?

b) Reflita: um rio, quando preservado, é sempre o mesmo?

5. Relacione o conteúdo do poema à sua disposição formal. Nesse caso, forma e conteúdo se opõem ou se complementam? Por quê?

6. Os rios geralmente são associados à vida. Explique por quê.

SEMÂNTICA E DISCURSO

Leia esta tira:

(*Folha de S.Paulo*, 18/2/2014.)

1. A tira explora a relação entre letras e sons e com isso constrói humor. Observe o balão de fala do papagaio no 2º quadrinho. As palavras que ele fala não estão de acordo com a grafia ou a pronúncia na língua portuguesa.

a) De acordo com a grafia padrão, como as palavras ditas pelo papagaio devem ser escritas?

b) De acordo com a tira, por que essas palavras foram modificadas, ou seja, escritas com a letra **f**?

2. Uma das funções básicas dos fonemas é distinguir palavras quanto ao sentido.

a) Na tira, qual é a letra que substituiu outras letras? Quais são essas outras letras?

b) A troca de letras e consequentemente a alteração de fonemas mudaram o sentido dessas palavras no contexto da tira?

c) Agora, observe estes três pares de palavras:

vaca	gira**v**a	ra**ç**a
faca	gira**f**a	Ra**f**a

Nesses pares, a troca de uma letra e a consequente alteração de fonemas resultam em mudança de sentido das palavras?

Leia o cartum abaixo, de Caulos, e responda às questões 3 e 4.

(*Só dói quando eu respiro*. Porto Alegre: L&PM, 2012. p. 88.)

3. O cartunista provoca uma reflexão a respeito da relação entre a imprensa e seus leitores.

a) O que sugere a letra **e** que se vê nas manchetes de jornal e nos balões de fala dos personagens?

b) O balão do personagem em preto contém um número maior de letras do que o balão dos demais personagens. O que isso sugere?

4. Que crítica o cartunista faz nesse cartum?

DE OLHO NA escrita

Divisão silábica

No texto a seguir estão faltando algumas palavras. O professor vai ler o texto e depois ditar as palavras que faltam. Você deve escrevê-las separando-as em duas partes, conforme a orientação dele. Depois do ditado, releia o texto completo.

Dia do Apicultor: conheça esta profissão

22 DE MAIO DE 2019

Marcos Amend/Pulsar Imagens

Você já se perguntou como o mel é ____________ ____________ até chegar à sua casa? Para que este e outros ____________ ____________, como o própolis, um líquido com gosto ____________ ____________ com o do mel, possam ser consumidos, é ____________ ____________ que alguém cuide das abelhas, animais ____________ ____________ por "fabricá-los". Esse profissional é chamado ____________ ____________, e em 22 de maio é comemorado o dia dele.

Segundo João Kors, que trabalha há mais de 40 ____________ ____________ no ramo [...], "apicultor é aquele que cria e ____________ ____________ das abelhas, retirando mel, pólen, geleia real, ____________ ____________ e o veneno desses animais, além de auxiliar na ____________ ____________".

O processo de polinização é a reprodução das plantas ____________ ____________ pólen, que, segundo ele, é a atividade mais ____________ ____________ das abelhas. Isso porque a polinização é usada para ____________ ____________ muitas frutas, verduras e plantas que fazem ____________ ____________ da alimentação de diversos seres vivos, inclusive dos ____________ ____________.

É importante auxiliar na produção porque as ____________ ____________ se organizam em pequenas comunidades, as ____________ ____________, em que cada uma delas possui papel definido: ____________ ____________ a abelha-rainha, a única que pode botar ovos, os ____________ ____________, que são os machos, e as operárias, fêmeas que não ____________ ____________ e geralmente trabalham ajudando a abelha-rainha a se alimentar e limpando a colmeia. De acordo com o ____________ ____________, para cada colmeia, há apenas uma abelha-rainha, mas de 200 a 500 zangões e até 100 mil abelhas operárias.

[...]

(Disponível em: https://www.jornaljoca.com.br/dia-do-apicultor-conheca-esta-profissao/. Acesso em: 27/9/2022.)

Quando escrevemos um texto, é comum algumas palavras não caberem inteiras no espaço disponível na largura da folha. Quando isso acontece, é preciso separá-las em sílabas, fazendo como você fez ao completar o texto "Dia do Apicultor: conheça esta profissão".

A divisão de palavras em sílabas, além de ser empregada em finais de linhas, pode também, em determinados contextos, criar efeitos de sentido.

Ao dividir uma palavra em sílabas, devemos nos lembrar das situações em que pode e em que não pode ocorrer separação.

Separam-se:

- os hiatos: a-**tu**-**al**-men-te cons-tr**u**-**í**-do sa-**ú**-de en-j**o**-**o**
- os dígrafos **rr**, **ss**, **sc**, **sç**, **xc** e os encontros consonantais **cc** e **cç**:

  car-ro des-ceu ex-ces-so suc-ção pes-so-as flo-res-ça oc-ci-pi-tal

- as consoantes não seguidas de vogal: op-ção pig-meu

Nunca se separam:

- os ditongos e os tritongos: **rei**-no U-ru-**guai**
- os dígrafos **lh**, **nh**, **ch**, **qu**, **gu**:

  la-dri-**lho** ca-ri-**nho** **cha**-ve **qu**i-lô-me-tro man-**gu**ei-ra

- os encontros consonantais constituídos de **consoante** + **r** e **consoante** + **l**:

  pro-du-zi-do com-**ple**-to

Exercícios

Leia o poema a seguir, de Sônia Miranda:

Vida

ela a b
ela cinder
ela da jan
ela apaga a v
ela do seu tempo que passou.

(*Pra boi dormir*. 7. ed. Rio de Janeiro: Record, 2007. p. 40.)

Filipe Rocha/Acervo da editora

1. O poema faz uma referência a um conhecido conto maravilhoso. Qual é ele?

2. O poema apresenta uma disposição visual especial, fazendo um jogo com palavras e letras. Reescreva por extenso, em uma única frase, todos os versos do poema.

3. Considerando o título do poema, "Vida", dê uma interpretação aos dois últimos versos: "apaga a vela do seu tempo que passou".

4. As rimas de um poema geralmente ocorrem no final dos versos.

a) Como acontecem as rimas no poema lido?

b) Levante hipóteses: Por que a autora optou por esse recurso?

5. Observe, na vertical, a disposição da palavra **ela**. Que efeito visual essa disposição provoca? Que relação isso tem com o conteúdo do poema?

6. Observe como a autora dividiu as palavras no final de cada verso.

a) A divisão respeita as normas de divisão silábica?

____

b) Faça a divisão silábica destas palavras do texto: **bela**, **Cinderela**, **janela**, **vela**, **passou**.

____

____

7. Quais dos itens abaixo apresentam duas palavras com divisão silábica inadequada?

a) sa-guão, ra-i-nha, a-plau-so, af-ta, ra-í-zes

b) u-suá-rio, subs-ti-tu-ir, ex-ce-ssi-vo, so-li-dá-rio

c) se-is-cen-tos, pneu, ba-ú, na-sci-men-to

d) ál-co-ol, rit-mo, psi-co-lo-gi-a, co-or-de-na-ção

e) su-blo-car, ex-tra-or-di-ná-rio, ex-cur-são, qu-ais-quer

8. Complete o texto com as palavras que o professor vai ditar. Escreva cada palavra separando-a em duas partes, conforme a orientação do professor. Depois do ditado, releia o texto completo.

Pés sensíveis

A borboleta verde não está apenas __________

__________ em uma folha, ela está saboreando!

E sabe por que elas fazem isso? Porque __________

__________ sensores de paladar nos pés. Essa __________

__________ ajuda as fêmeas a escolherem as __________

__________ certas para guardarem seus ovos,

além de auxiliar os adultos na busca de __________

__________. As borboletas são particularmente

atraídas por sabores adocicados. Seus pés são 200

vezes mais sensíveis ao açúcar do que a __________

__________ humana.

Ondrej Prosicky/Shutterstock

(Coleção *A vida dos animais — Uma aventura fantástica pelo mundo dos mais variados bichos selvagens*. São Paulo: Abril. p. 140.)

DIVIRTA-SE

As plaravas

Rceebi uma megnseam cruisoa com a inrfoãmaço de que uma usinidavdere ienslga fez uma pqesusia e dreobiscu que, praa a letirua, não inrestesa a odrem em que as lrteas de uma plravaa etãso, "a úncia csioa iprotmatne é que a piremria e a útmlia lrtea etejasm no lgaur crteo". Não me pentruge pouqre. Ahco mituo eqsuitsio, mas a vdaerde é que fciunona. E se fcionuna em iglêns e pugortêus, dvee fiouncnar até em hgarúno. Gotsei da noíctia e rsloevi erevscer um ranomce iteinro com essa nvoa otorafgria. Psenei na iedia de um prseoagnem dsléixcio, dodato de uma ingêteclinia etraoxrdnáiira, ctanondo a hóistria na preiimra pssoea. A dsleiixa é uma dfunçisão metanl que faz com que o sueitjo, etnre otuars coaiss, eambrahle as ltreas de uma plavara. O que não o imedpe de dnveseovelr hilabdadies epesaciis. Tom Cuirse, por emxelpo, é dléixciso e tnooru-se um dos maoreis arosts de Hywoollod de tdoos os tpemos. Meu raomnce treia uma luingaegm prórpia, com essa oratogrfia eastrhna, e nesitacesria um ctero esrfoço praa ser apacomhnado. As alçõteraes em cada squeiênca de lraets segriauim uma liógca picartular ciarda pelo pronistotaga, com um cdigóo seetcro emdbutio no seu porsceso de elaçaborão. Um tpio de critopfigraa que, desdanveda, revilaera sreoegds de Eastdo. Mias tdare, qanduo a hóriista fsose aptdaada praa o cemina, Tom Ciusre prodeia fzear o ppeal pciprinal. Ddese que acsitaese o cchaê. As pvralaas são cmoo os fmiles. A gtene lebrma do cmeoço, do hpapy end e é caapz de ctaonr a htórisia tdoa, mmeso que não coignsa dcreveser exentatame a squncieêa de coters, o endeacamnteo em que faorm modantas as ceans. A vdia de tdoo mduno tabémm é aissm. Qnduao a gtene nscae, aguélm dá um gitro de agleria. No fim, esvecrem uma fasre bionta nmua lidápe deizndo que fooms baancas e dxamereios sdaaude. E rigeastrm as daats: nimasntceo e mrtoe. O que vieo no mieo dsiso foi um mtone de csaois muistdraas, baos e riuns, e nguéinm lebrma mias deitiro em que oderm eals faorm apacenredo. Ou sjea, não itmpora msmeo. Pblao Nuerda dziia que "eevscrer é siplmes, coçmea com uma maúsciula, tinerma com um ptono e no mieo vcoê coocla as ieidas". É uma blea fsrae que coirmnfa essa tieora. O que iesntersa é cmoo a csoia ceçoma e cmoo trmiena. Dsdee que, é calro, vcoê tnhea aumlga iedia intsanereste praa colaocr etrne a maslciúua e o potno fianl.

(Ramil, Kledir. *Crônicas para ler na escola*. São Paulo: Objetiva. Edição do Kindle.)

·CAPÍTULO· 5

O substantivo

Construindo o conceito

Leia esta tira de Laerte:

(*Folha de S.Paulo*, 5/1/2012.)

1. A tira retrata uma situação comum do dia a dia. Que situação é essa?

2. O segurança menciona alguns objetos.

a) O que esses objetos têm em comum?

b) O que a pessoa que está na porta de segurança faz com os objetos que está portando?

c) Com que finalidade o segurança menciona esses objetos?

3. O humor da tira está na transformação sofrida pelo homem que está tentando passar por uma porta de segurança.

a) Explique essa transformação.

____

____

b) Por que, segundo ele, é "impossível" entrar no recinto?

____

4. Para se referir a alguns objetos, o segurança mencionou nomes.

a) Que objetos foram mencionados?

____

____

b) Qual é o papel das palavras **eletrônica** e **metálica** nas expressões "agenda eletrônica" e "prótese metálica"? Por que, no contexto, é necessário empregar essas palavras?

____

____

____

____

Conceituando

Como você viu na tira, o segurança, para se referir a alguns objetos que o homem poderia estar portando, empregou nomes como **chaves**, **moedas**, **agenda**, **celular**, **caneta**, **relógio**, **pulseira**, **marca-passo**, **pinos**, **implantes** e **prótese**.

Na língua portuguesa, as palavras que nomeiam os seres são chamadas de **substantivos**. No contexto da tira, os objetos eram todos materiais, mas existem também os substantivos que nomeiam sentimentos, ideias, desejos, como **esperança**, **amor**, **alegria** e **ataque**.

> **Substantivos** são palavras que nomeiam seres — visíveis ou não, animados ou não —, ações, estados, sentimentos, desejos, ideias.

Na constituição das frases, os substantivos funcionam como núcleo de uma expressão. Veja:

O **cliente** depositou as **chaves** na **caixa**.

(cliente: núcleo; chaves: núcleo; caixa: núcleo)

Na tira a seguir, as palavras destacadas são substantivos:

(*As melhores tiradas do Menino Maluquinho*. 2. ed. São Paulo: Melhoramentos, 2000. p. 44.)

Exercícios

Leia o cartaz a seguir e responda às questões 1 e 2.

(Disponível em: https://euqueroajudarcuritiba.com/tag/doacoes-2/. Acesso em: 28/9/2022.)

1. Relacione as partes verbal e não verbal do cartaz.

a) Que sentido é construído pelo desenho da caixa de papelão? Por que ela está sorrindo?

b) Qual é a principal finalidade desse cartaz?

c) Quem é o responsável pelo cartaz?

2. No cartaz estão enumerados alguns itens aceitos para doação nessa campanha.

a) Quais desses itens são objetos concretos?

b) O que mais as pessoas podem doar além de objetos concretos? De que forma as pessoas podem fazer isso?

c) Troque ideias com os colegas e o professor e conclua: Qual efeito de sentido o uso desses dois tipos de nome constrói no contexto do cartaz em estudo?

d) Imagine que você foi a pessoa responsável por fazer esse cartaz e que a instituição lhe pediu que enumerasse mais itens. Levante hipóteses: Que itens poderiam ser acrescentados à lista do cartaz?

Leia esta tira de Angeli:

(*Folha de S.Paulo*, 15/6/2009.)

3. A tira apresenta um título que agrega todos os elementos apresentados nos quadrinhos.

a) Qual é o título?

b) Quais são os elementos apresentados nos quadrinhos?

4. Observe o último quadrinho.

a) Quem supostamente é o cartunista?

____

____

b) O que provoca humor na tira?

____

5. Em cada quadrinho há uma figura e uma palavra.

a) Que relação há entre a figura e a palavra que compõem cada um dos quadrinhos?

____

b) Qual é a classe gramatical dessas palavras? Qual é o seu papel na língua e no texto?

____

c) O título da tira também pertence a essa classe gramatical? Que relação de sentido há entre o título e as palavras que compõem os quadrinhos?

____

____

____

____

Classificação dos substantivos

Primitivos e derivados

- **Primitivos** são os substantivos que dão origem a outras palavras.
- **Derivados** são os substantivos que se originam de outras palavras.

vidro → vidraça
laranja → laranjeira

Simples e compostos

- **Simples** são os substantivos formados por apenas uma palavra: livro, cabelo, moleque, vento.
- **Compostos** são os substantivos formados por mais de uma palavra: guarda-roupa, beija-flor, para-raios, pé-de-meia.

Comuns e próprios

- **Comuns** são os substantivos que se referem a todos os seres de uma espécie, sem particularizá-los.

Como esta **cidade** é bonita!

- **Próprios** são os substantivos que nomeiam um ser em particular, destacando-o na espécie ou no grupo; por isso, são grafados com letra inicial maiúscula.

Fomos conhecer **Fortaleza** nas férias.

O substantivo **cidade** nomeia tanto Fortaleza quanto qualquer outra cidade; por isso, é um substantivo comum. Já **Fortaleza** particulariza uma cidade; por isso, é um substantivo próprio.

Os nomes próprios mais escolhidos

Os substantivos próprios mais usados para nomear pessoas mudam dependendo da época. Às vezes, nomes de filhos de celebridades, de personagens de novela, de cantores ou de jogadores famosos podem influenciar toda uma geração. Veja os nomes mais escolhidos nos últimos anos:

Entre os meninos		Entre as meninas	
1. Miguel	6. Davi	1. Helena	6. Heloísa
2. Arthur	7. Gabriel	2. Alice	7. Maria Clara
3. Gael	8. Bernardo	3. Laura	8. Maria Cecília
4. Heitor	9. Samuel	4. Maria Alice	9. Maria Júlia
5. Theo	10. João Miguel	5. Valentina	10. Sophia

(Fonte: https://exame.com/pop/os-100-nomes-de-bebes-femininos-mais-populares-em-2022/. Acesso em: 30/9/2022.)

Concretos e abstratos

- **Concretos** são os substantivos que nomeiam seres de existência autônoma, isto é, que não dependem de outro ser para existir, e que podem ser reais ou imaginários: lápis, país, bruxa, personagem, folclore, Monteiro Lobato, Recife.
- **Abstratos** são os substantivos que nomeiam seres de existência não autônoma, isto é, que dependem de algo ou alguém para existir. Designam sentimentos, ações e qualidades: tristeza, medo, salto, combate, beleza, vaidade, honradez.

Coletivos

São os substantivos que, mesmo no singular, transmitem a ideia de agrupamento de vários seres da mesma espécie.

clientela: de clientes, de fregueses.
elenco: de artistas, de atores.
turma: de estudantes, de trabalhadores, etc.
fauna: conjunto de animais de uma região.
flora: conjunto de plantas de uma região.

Louçaiada, sapataiada!

Segundo o linguista John Robert Schmitz, existem na língua alguns coletivos "escondidos", isto é, que são utilizados na linguagem informal cotidiana, mas não aparecem na lista de coletivos das gramáticas. Trata-se de palavras como **livraiada**, **roupaiada** e **louçaiada**, em contextos como "Onde pôr essa **livraiada** toda que você comprou?".

Fonte: *Língua Portuguesa*, nº 70, p. 21.

Importante

Um substantivo pode ter várias classificações. Observe:

livro: substantivo primitivo, simples e comum

Brasil: substantivo primitivo, simples e próprio

CONTRAPONTO

É comum haver divergência entre gramáticos, professores e estudantes em relação à classificação de substantivos em concretos ou abstratos. Uma dica para classificar os substantivos com mais segurança é observar o contexto em que a palavra foi empregada e a intenção do falante. Compare, por exemplo, estas duas frases:

Mariana nunca tinha pensado em casamento até conhecer Marcelo.

O casamento de Mariana e Marcelo foi muito chique.

No contexto da primeira frase, o substantivo **casamento** nomeia a ação de casar-se; portanto, é abstrato. No da segunda, nomeia a cerimônia ou a festa; portanto, é concreto.

Exercícios

1. Leia o texto a seguir. Depois, considerando o contexto e buscando compor um texto coerente, complete-o com um dos substantivos que estão entre parênteses.

Quais são os animais mais caros para se manter num zoológico?

Tatiana Litvinova/Shutterstock

O ______ (custo, tamanho, tipo) dos animais varia muito de acordo com a ______ (visão, localização, mobilização) e a infraestrutura do zoológico; então, não existe um ______ (bicho, ninho, pássaro) mais caro. Por exemplo, manter ______ (crianças, animais, pessoas) acostumados ao frio em regiões quentes gera gastos expressivos: é muito mais caro ter um ______ (macaco, urso-polar, elefante) na América Central do que no extremo norte do planeta. A ______ (alimentação, higiene, água) é outro fator que pesa nos gastos de um zoológico, porque não depende apenas da quantidade que o animal consome, mas da dificuldade de acesso à sua ______ (vida, saúde, comida). Assim, um ______ (zoológico, parque, sítio) que precisa importar determinado alimento pode gastar mais com um animal de pequeno porte do que com um ______ (adolescente, elefante, mamífero). Além desses gastos, há ainda os esforços para a preservação de espécies que demandam altos ______ (salários, investimentos, postos) em pesquisa genética, algo indispensável para grandes zoológicos.

(Mundo Estranho. Disponível em: https://super.abril.com.br/mundo-estranho/quais-sao-os-animais-mais-caros-para-se-manter-num-zoologico/. Acesso em: 30/9/2022.)

2. Veja a seguir uma lista de benefícios que boas amizades podem trazer para a vida de uma pessoa.

Ter um bom amigo...

reduz o estresse do dia a dia.

mantém nossa sanidade mental.

diminui o risco de ficarmos doentes.

estimula nosso corpo a **liberar** ocitocina, o hormônio do amor, e **produz** maior quantidade de neurotransmissores positivos ao organismo.

compensa as dificuldades da vida.

expande nossa expectativa de vida.

previne a depressão.

nos **auxilia** a **realizar** nossos projetos pessoais.

(Texto dos autores.)

a) Indique um ou mais benefícios listados no texto que seus amigos trazem para a sua vida.

____

____

b) Todos os verbos em destaque no texto podem ser transformados em substantivos abstratos que indicam as ações correspondentes a eles. Observe a mudança nas duas primeiras ocorrências e complete as lacunas com o substantivo correspondente às formas verbais do texto original, fazendo as devidas alterações.

Entre os benefícios de uma boa amizade, podem ser contabilizadas **a redução do** estresse do dia a dia; **a manutenção de** nossa sanidade mental; a ____________ risco de ficarmos doentes; o ____________ nosso corpo para a ____________ ocitocina, o hormônio do amor, e a ____________ maior quantidade de neurotransmissores positivos ao organismo; a ____________ dificuldades da vida; a ____________ nossa expectativa de vida; a ____________ depressão; e o ____________ nossos projetos pessoais.

c) Além de transformar as formas verbais em substantivos, foi preciso inserir outras palavras no texto ao adaptá-lo no item **b**. Quais foram essas palavras? Troque ideias com os colegas e o professor e conclua: O que essa alteração indica sobre o processo de transformar verbos em substantivos correspondentes?

____

____

____

____

Leia o cartaz a seguir e responda às questões 3 a 5.

Reprodução/Governo Federal/Ministério Público do Paraná

(Disponível em: https://www.justica.pr.gov.br/sites/default/arquivos_restritos/files/documento/2019-10/cartaz_a3_violencia_psicologica.pdf. Acesso em: 30/9/2022.)

3. Relacione as partes verbal e não verbal do texto.

a) Qual é a finalidade desse cartaz? A quem ele se dirige?

____

b) O que representam os balões na lateral esquerda do cartaz?

____

c) Qual é o comportamento da criança no centro do cartaz e qual é a relação desse comportamento com o conteúdo do texto?

____

____

____

4. Essa campanha foi apoiada pelo Ministério Público do Paraná e por outras instituições desse Estado (Disque Denúncia e CEDCA-PR). Observe os logotipos localizados na parte inferior do cartaz.

a) Deduza, pelo contexto, qual é o significado da sigla **CEDCA**.

☐ Corregedoria das Empresas Defensoras das Campanhas de Arrecadação

☐ Conselho Estadual dos Direitos da Criança e do Adolescente

☐ Conselho Ecológico dos Dirigentes de Crianças e Adolescentes

Governo Federal/Ministério Público do Paraná

b) Explique o sentido do logotipo da campanha, indicando qual é a relação entre sua forma, seu texto verbal e seu significado.

____

____

____

c) Qual é a relação entre as instituições representadas por esses logotipos e a campanha?

____

____

5. No cartaz foram empregados diferentes tipos de substantivo. Releia a seguir alguns dos principais.

☐ violência	☐ choro	☐ autoestima
☐ agressividade	☐ isolamento	☐ insegurança
☐ criança	☐ adolescente	☐ Paraná

a) Tendo em vista o sentido desses termos no cartaz, associe cada um deles à sua classificação, conforme a numeração a seguir. Lembre-se de que um mesmo substantivo pode se encaixar em mais de uma classificação.

I. substantivo próprio **II.** substantivo comum **III.** substantivo abstrato **IV.** substantivo concreto

b) Observe sua resposta no item **a** e conclua: A maioria dos substantivos do cartaz é de qual tipo?

____

c) Levante hipóteses: Por que a maioria dos substantivos do cartaz tem a classificação apontada por você no item **b**?

____

____

Leia o poema a seguir, de Chacal, e responda às questões 6 a 8.

No correio

no correio vai o envelope
no envelope vai a carta
na carta vai o meu pesar
pela morte da tua tia

Chacal. *Tudo (e mais um pouco) — Poesia reunida (1971-2016)*. São Paulo: Editora 34, 2016, p. 219.

Jean Galvão/Acervo da editora

6. O eu lírico se dirige diretamente a alguém no poema. Levante hipóteses, justificando suas respostas com base no texto.

a) A quem ele se dirige?

b) Essa pessoa a quem o eu lírico se dirige está em um lugar próximo ou distante de onde ele se encontra?

7. Os três primeiros versos são compostos de substantivos que se relacionam entre si.

a) Identifique os três pares de substantivos relacionados.

b) Entre esses substantivos, apenas um é abstrato. Identifique o substantivo abstrato e justifique sua resposta.

c) No poema, a forma verbal **vai** se repete, e em cada caso ela apresenta um sentido. Consulte um dicionário e explique o sentido da forma **vai** em cada uma de suas ocorrências.

8. O último verso tem uma estrutura diferente dos versos anteriores.

a) Esse verso completa o sentido de um termo do verso anterior. Identifique esse termo e explique como se dá essa complementação.

b) Foram empregados dois substantivos nesse verso. Identifique-os e classifique-os.

Leia o quadrinho a seguir:

(Adão Iturrusgarai. *Folha de S.Paulo*, 7/6/2019.)

9. O quadrinho retrata um lugar. Que lugar é esse? Como você chegou a essa conclusão?

10. Observe as palavras que aparecem no quadrinho.

a) Em que suportes essas palavras foram escritas no contexto do quadrinho? Em geral, o que se escreve nesses suportes?

b) Como se classificam gramaticalmente essas palavras?

c) No contexto do quadrinho, essas palavras nomeiam:

☐ qualidades e valores morais.

☐ sonhos e projeções para o futuro.

☐ desejos e sentimentos.

d) Conclua: Que crítica social o quadrinho faz?

____

____

O substantivo

NA CONSTRUÇÃO DO TEXTO

Leia esta crônica de Gregório Duvivier:

Farofa é uma glória nacional e pobres são as nações que a desconhecem

Tenho pena da culinária francesa, que prepara até caramujo mas ignora essa iguaria tão bem cultivada no Brasil

Cá estou eu, almoçando um delicioso peru envelhecido por 20 dias na geladeira envolto em farofa de Natal — esse delicioso conglomerado de farinha, manteiga, bacon, suco de peru e tâmara. E nesse momento tenho pena dos estrangeiros, que desconhecem a farofa e comemoram esse **arremedo**, que é o Natal sem farofa.

A farofa é coisa nossa. E acolhe tudo. Não conhece restrição. Abraça a manteiga, recebe o alho, adora banana, vai bem com ovos, e também bacon, miúdos e, por que não, abacaxi. Aqui em casa, ralamos cenoura e beterraba, porque não há legume que uma criança negue — desde que esteja envolto em farofa.

Todos os nutrientes que a minha filha consome eu devo à farofa.

A farofa não quer ser prato principal. Aceita sua coadjuvância. Ninguém, em sã consciência, almoça uma farofa. Poucas pessoas, no entanto, almoçam sem farofa. Sempre cai bem. Experimente na salada, ou na sopa, e nunca mais recorrerás ao crouton.

Há quem louve a culinária francesa. Tenho pena do **glutão francófono**. O que dizer de uma população que come até caramujo mas desconhece a farofa? É preciso falar a verdade: o tal do ***boeuf bourguignon*** não passa de um picadinho sem farofa. Pior: sem farofa nem banana.

Biry Sarkis/Acervo da editora

arremedo: cópia, imitação.

***boeuf bourguignon*:** conhecido prato da culinária francesa feito com carne, vinho, cebola, cogumelos e *bacon*.

francófono: falante do francês.

glutão: aquele que come demais; voraz.

Ou seja: sem tudo aquilo que faz um picadinho valer a pena.

[...]

A farofa não morre nunca. Na geladeira, não somente sobrevive por semanas como também conserva os alimentos que envolve. Atenção: essa afirmação não tem o menor embasamento científico. Não me responsabilizo por eventuais mortes por intoxicação, mas tenho a impressão de que, enquanto uma carne na geladeira dura alguns dias, a mesma carne picadinha no meio da farofa dura pra sempre.

(*Folha de S.Paulo*, 4/1/2022. Disponível em: https://www1.folha.uol.com.br/colunas/gregorioduvivier/2022/01/farofa-e-uma-gloria-nacional-e-pobres-sao-as-nacoes-que-a-desconhecem.shtml. Acesso em: 15/2/2023.)

1. O cronista aborda um tema gastronômico.

a) Qual é o prato que ele destaca na crônica?

___

b) Como ele vê esse prato no cenário da gastronomia universal?

___

___

___

2. O cronista diz ter pena dos estrangeiros.

a) Por que ele tem esse sentimento?

___

___

___

b) Escrita com letra maiúscula, a palavra Natal faz referência ao dia 25 de dezembro, data festejada pelos cristãos. Que sentido é construído no texto ao chamar o Natal dos estrangeiros de "arremedo"?

___

___

___

Para que servem os substantivos?

Os substantivos nos permitem nomear as coisas do mundo, seja um mundo concreto, seja virtual, seja imaginário. Ainda que em uma língua haja significados preestabelecidos para os nomes, um mesmo substantivo pode ter sentidos diferentes para pessoas diferentes, dependendo de sua história de vida, o que leva à possibilidade de um mesmo nome referenciar entidades completamente distintas na mente de cada indivíduo.

Ligados diretamente à experiência e à cultura de um povo, substantivos de uma língua, às vezes, não encontram correspondência direta em substantivos de outra língua. Além disso, em uma mesma língua podemos utilizar os substantivos para nomear um único ente de forma mais genérica ou de forma mais específica. É o que ocorre, por exemplo, ao escolhermos um termo entre muitos possíveis, como **pessoa**, **homem**, **jovem**, **professor**, para fazer referência a um mesmo ser.

3. Segundo o texto, a farofa é "um delicioso conglomerado" que "acolhe tudo".

a) Qual é o sentido do substantivo **conglomerado** nesse contexto?

b) Que ingredientes fazem parte desse conglomerado? A que classe gramatical essas palavras pertencem?

c) Que outros ingredientes a farofa pode ter dependendo do gosto do consumidor?

4. O narrador faz esta afirmação:

> "Todos os nutrientes que a minha filha consome eu devo à farofa."

a) Que substantivos a palavra **nutrientes** retoma do parágrafo anterior?

b) Explique o sentido dessa afirmação do narrador no contexto.

c) Troque ideias com os colegas e o professor e responda: Qual é a principal função desse tipo de retomada na construção de um texto?

5. O narrador compara a farofa a iguarias da culinária francesa, reconhecida como uma das melhores do mundo.

a) Que substantivos ele usa para definir os pratos franceses *escargot* e *boeuf bourguignon*?

b) Conclua: Como é a avaliação dele, a respeito desses pratos, construída pelo uso desses substantivos? Identifique outras palavras e expressões que também contribuem para construir essa avaliação.

6. Segundo o narrador, "a farofa não morre nunca". Que fato do texto comprova essa afirmação?

7. O texto apresenta uma boa dose de humor. Como esse humor é construído?

8. No texto são utilizados muitos substantivos. A que você atribui esse uso? Qual é o papel dos substantivos nesse texto?

SEMÂNTICA E DISCURSO

Leia a seguir uma tira de Laerte.

(*Folha de S.Paulo*, 1º/7/2003.)

1. Observe os balões utilizados na tirinha.

a) Qual é a diferença no formato e na função desses balões no contexto da tira?

b) Os balões não representam uma conversa entre dois personagens. Explique essa afirmação.

2. Agora, observe as ações do personagem.

a) O que ele está fazendo?

b) O 1º quadrinho ilustra alguns itens e acessórios que ele utiliza para construir sua criação. Quais são eles?

c) A que classe de palavras pertencem os termos enumerados por você no item **b**?

3. Releia o título do livro que o personagem utiliza.

a) Deduza: Para que serve esse livro?

b) O que há de inusitado nesse título?

4. Ao longo dos três quadrinhos, a tira constrói humor com base na representação não usual de um substantivo abstrato.

a) Qual é esse substantivo?

b) Explique como é feita essa representação não usual e por que ela contribui para a construção do efeito de humor no texto.

O substantivo e os gêneros

Substantivo é uma palavra essencial na língua, pois nomeia a realidade à qual nos referimos. Por isso, está presente em todos os gêneros do discurso que circulam socialmente.

Há, entretanto, alguns gêneros que se baseiam nessa classe de palavras. É o caso, por exemplo, de diferentes tipos de lista (de nomes, de compras, de presentes, etc.), que muitas vezes são compostas apenas de substantivos enumerados e de infográficos ou textos esquemáticos, que pretendem dar um tratamento mais objetivo e direto às informações veiculadas. Há ainda os verbetes de dicionário ou de enciclopédia, que fazem uso dos substantivos tanto como palavra de entrada, que referencia os termos a serem conceituados, quanto na própria construção textual dos conceitos.

5. Releia o 3º quadrinho.

a) Identifique e classifique o único substantivo presente nele.

____

____

____

b) Quais elementos da imagem representam esse substantivo? Justifique sua resposta.

____

____

____

____

____

____

Agora, leia a tira publicada no dia seguinte, no mesmo jornal, como sequência da tira da página 126.

(*Folha de S.Paulo*, 2/7/2003.)

6. Observe que, na imagem do 1º quadrinho dessa segunda tira, a criação do personagem está diferente se comparada à do último quadrinho da primeira tira. Levante hipóteses: Por que isso ocorre?

7. Relacione os elementos verbais e não verbais da tira.

a) Qual substantivo, no 1º quadrinho, retoma o livro de receitas da primeira tira? Justifique sua resposta.

b) E qual substantivo nomeia a criação feita pelo personagem, resultado das ações realizadas por ele na primeira tira?

c) O que a ilustração da tira mostra o personagem fazendo no 2º quadrinho? A quem ele direciona sua criação?

8. As duas tiras, lidas em conjunto, fazem uma crítica a uma situação social comum.

a) Troque ideias com os colegas e o professor: Que situação social é representada?

b) Levante hipóteses: O que ocorreu no último quadrinho da segunda tira, que não está na ilustração e que leva o personagem a achar que não foi compreendido?

9. As tiras são um gênero textual cuja finalidade é promover humor.

a) Troque ideias com os colegas e o professor: Para criar humor, as tiras lidas seguem os mesmos passos do "livro de receitas" utilizado pelo personagem? Justifique sua resposta.

____

____

____

____

b) Você considera as tiras lidas humorísticas? Justifique sua resposta.

____

____

____

____

DE OLHO NA escrita

Emprego de x e ch

No texto a seguir, faltam algumas palavras que o professor vai ditar. Leia-o e, depois de completá-lo, releia-o.

Expedições científicas

A ______________ da natureza brasileira atraiu diversas ______________ científicas. Uma delas foi a de Carl Friedrich Philipp von Martius. Em três anos, ele percorreu 10 mil quilômetros e fez a primeira classificação sistemática das plantas brasileiras, registrada em sua obra *Flora brasiliensis*. Descreveu 220 mil variedades em 40 volumes, ilustrados por 3.811 gravuras.

Carl Friedrich Philipp von Martius (a partir de Hugh Algernon Weddell)/

› *Nascentes do Rio Paraguai*, paisagem e vegetação retratadas por Martius no século XIX.

O botânico francês Auguste de Saint-Hilaire foi o primeiro pesquisador a ________________ o interior do Brasil a convite do Império, no século XIX. Ele identificou cerca de 120 tipos de quaresmeiras.

A mais famosa de todas as expedições foi a do médico e naturalista alemão Georg Heinrich von Langsdorff. Ao participar de uma volta ao mundo marítima, ele esteve na costa de Santa Catarina e ________________ pelo país. Em 1813, nomeado cônsul-geral da Rússia no Rio de Janeiro, comprou uma fazenda ________________ Mandioca, na baía de Guanabara, logo transformada em projeto piloto para suas ________________. Entre outras novidades, Langsdorff propunha a ________________ racional da terra por meio de culturas alternadas e condenava a prática das queimadas. Planejou uma expedição científica pelo interior do Brasil. Tendo conseguido financiamento do czar ________________ I em 1821, Langsdorff contratou uma equipe de pesquisadores e voltou ao Brasil. Entre 1824 e 1829, ele percorreu 16 mil quilômetros pelas províncias do Rio de Janeiro, Minas Gerais, São Paulo, Mato Grosso, Pará e Amazonas, realizando um precioso levantamento zoológico, botânico, mineralógico e etnográfico.

O naturalista ________________ de escrever seus diários em 20 de maio de 1828, depois de cruzar o rio Juruena, no Pará. Ele passou a ter alucinações causadas por violentas febres tropicais (possivelmente malária), primeiros sintomas da doença que lhe apagaria a memória e o levaria à loucura. Langsdorff conviveu com sua loucura por mais 25 anos. Morreu em 1852, aos 78 anos, na Alemanha. Seus diários só foram encontrados em 1930.

[...]

(Marcelo Duarte. Guia dos curiosos. Disponível em: https://www.guiadoscuriosos.com.br/blog/ciencia-2/as-expedicoes-cientificas/. Acesso em: 30/9/2022.)

1. O texto situa historicamente as principais expedições científicas feitas no Brasil no século XIX.

a) O que atraía os pesquisadores estrangeiros em nosso país?

____

b) Qual foi a contribuição científica desses pesquisadores?

____

____

____

____

2. Ao completar as lacunas do texto "Expedições científicas", você deve ter notado que algumas palavras são escritas com **x** e outras com **ch**. E também que a letra **x** pode representar mais de um som.

a) Em qual das palavras que você escreveu a letra **x** tem som de /z/ ("zê")?

____

b) Em quais delas a letra **x** tem som de /s/ ("sê")?

____

c) Em quais delas a letra **x** tem som de /ʃ/ ("chê")?

____

3. Observe estas palavras do texto: **apaixonou** e **deixou**. Note que, antes da letra **x**, há um encontro vocálico.

a) Que tipo de encontro é esse?

____

b) Sabendo-se que outras palavras, como **caixa**, **frouxo**, **ameixa**, **deixe**, **peixe** e **queixo**, também são escritas com a letra **x**, deduza uma regra para o emprego da letra **x** nessas situações.

____

____

____

4. Palavras que pertencem à mesma família etimológica ou origem mantêm a grafia. Assim, as palavras **explorar**, **exploração**, **explorador**, **exploratório**, **inexplorado** e **inexplorável** são todas escritas com a letra **x** por pertencerem à mesma família etimológica. Cite outras palavras da mesma família etimológica de:

a) chamada ______________________________

b) expedição ______________________________

c) experiência ______________________________

5. Na palavra **exuberante**, assim como em **exibição**, **exatidão**, **exemplo**, **êxodo** e **exumação**, é empregada a letra **x**. Observe o que há em comum nessas palavras.

a) A letra **x** representa que som? ______________________________

b) Que tipo de letra precede a letra **x**? ______________________________

c) Que tipo de letra aparece depois da letra **x**? ______________________________

Exercícios

1. Em cada sequência abaixo, todas as palavras estão grafadas corretamente, exceto em uma. Identifique-a e reescreva-a com a grafia apropriada.

Anna_Pustynnikova/Shutterstock

› "Chávena" em Portugal e "xícara" no Brasil. A forma *xícara* já foi usada no português lusitano, mas caiu em desuso. Hoje, os portugueses preferem dizer "chávena", recipiente onde se serve chá ou outra bebida quente.

a) enxada — enxoval — enxurrada — enxaqueca — enxente

____

b) bochecha — chávena — xamego — chamuscar — chafurdar

____

c) coxilar — luxação — relaxar — rixa — vexame

____

d) champu — mexer — xingar — xereta — xarope

____

e) faxineira — pixe — graxa — laxante — xícara

____

f) cartucho — inchar — chibata — chucro — espichar

____

2. Observando que todas as palavras a seguir apresentam **me-**, **en-** ou ditongo antes do som "chê", complete-as com **x** ou **ch**, conforme for apropriado.

en______arcar	trou______a	quei______o
en______ergar	en______er	me______icano
en______ente	me______erico	me______erica
me______ilhão	pai______ão	en______erto
en______erido	en______ugar	
rou______inol	me______er	
en______aqueca	en______otar	
en______ovalhar	me______a	

Guillermo Gonzalez/Shutterstock

› Mexilhão.

3. Há, na língua portuguesa, palavras que têm a mesma pronúncia, mas sentido e escrita diferentes. Essas palavras são chamadas de **homônimas**. Veja um exemplo:

> **bucho:** estômago dos mamíferos e dos peixes
>
> **buxo:** arbusto originário da Europa e da Ásia

Com o auxílio do dicionário, dê o significado dos homônimos:

a) cheque ______________________________

xeque ______________________________

b) tacha ______________________________

taxa ______________________________

c) tachar ______________________________

taxar ______________________________

DIVIRTA-SE

© Dik Browne/Ipress

(Dik Browne. *Hagar, o horrível 1*. Porto Alegre: L&PM, 2002, v. 80, p. 60. Coleção L&PM Pocket.)

·CAPÍTULO· 6

O adjetivo

Construindo o conceito

Observe esta pintura de Jean-François Millet:

Reprodução/Museu d'Orsay, Paris, França.

As respigadoras, de Jean-François Millet (1857).

1. A pintura recebeu o título de *As respigadoras*. Considerando que a palavra **respigador** tem o sentido de aquele que respiga, ou seja, que recolhe as espigas que ficaram da colheita, responda:

a) Em que tipo de ambiente a cena é retratada?

____

____

____

b) O que as mulheres estão fazendo?

____

____

____

c) O que elas têm na mão?

____

____

____

d) Como é o trabalho delas?

____

____

2. Ao fundo, à esquerda da pintura, vemos alguns montes de trigo e uma carroça sendo carregada por alguns homens; à direita, mais ao fundo, um homem sobre um cavalo observa de longe o andamento do trabalho. Levante hipóteses:

a) Quem, provavelmente, colheu o trigo amontoado ao fundo?

____

____

____

____

Creativan/Shutterstock

› Espigas de trigo no trigal.

b) Como, provavelmente, era avaliado o trabalho das respigadoras na época em que a pintura foi retratada?

____

____

____

____

c) Qual é o papel do homem que aparece montado a cavalo?

____

____

d) O que o distanciamento físico entre esse homem e os trabalhadores sugere sobre a posição social deles?

3. Observe as cores do campo e as cores do céu, bem como a luz que incide sobre a cena.

a) Que cores predominam na paisagem?

b) Levante hipóteses: Em qual parte do dia se passa essa cena?

4. Observe as três mulheres.

a) Como a pele do rosto delas foi representada? Qual é a relação dessa característica com o trabalho que executam?

b) Como são as roupas que elas vestem? Que cores predominam? Que relação essas roupas têm com o ambiente rural em que se encontram?

c) Elas usam algum tipo de proteção para realizar o trabalho?

____

____

d) As três mulheres usam touca ou lenço na cabeça. Qual é a cor dessas peças?

____

Conceituando

Ao responder às questões anteriores, para caracterizar o trabalho das mulheres, você deve ter empregado palavras como **difícil**, **árduo**; para caracterizar as roupas delas, palavras como **amarelo**, **ocre**, **vermelho**, **azul**, **rústicas**, **simples**, **pesadas**; e, para caracterizar a pele delas, palavras como **escura**, **queimada**. Essas palavras são **adjetivos**. Observe:

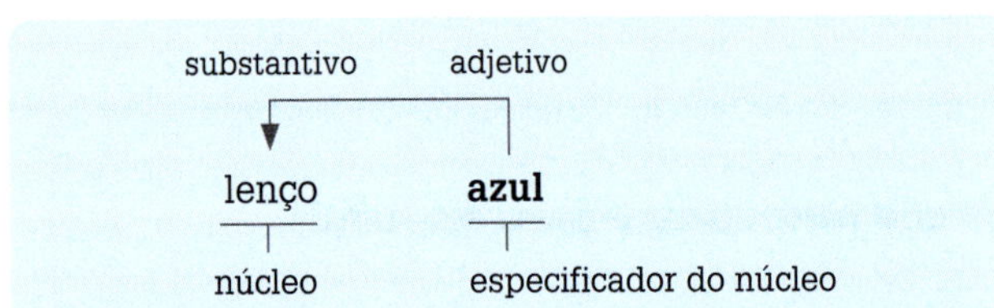

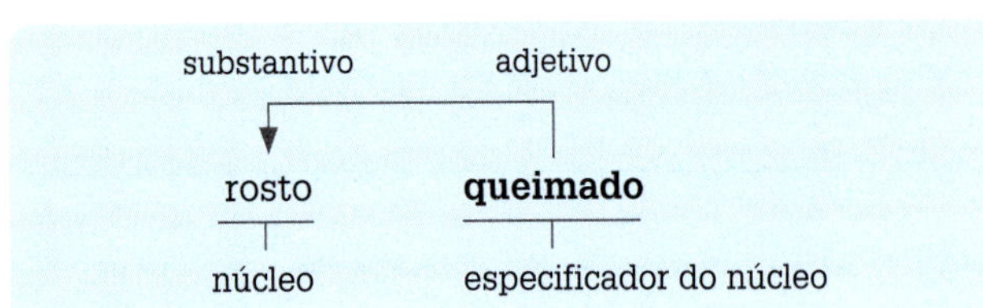

Às vezes, o papel de adjetivo é desempenhado por mais de uma palavra, ou seja, por uma expressão. Veja:

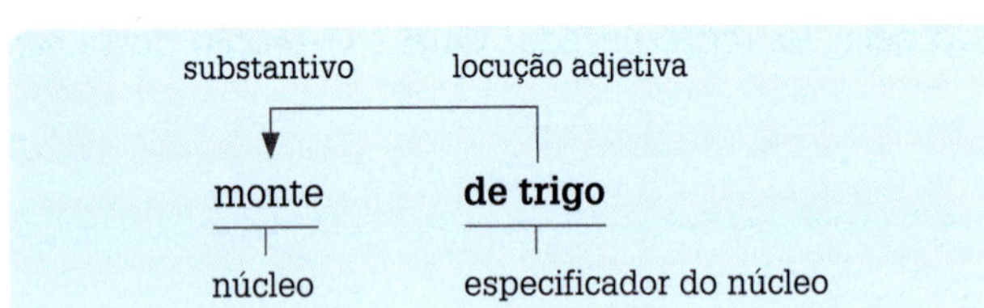

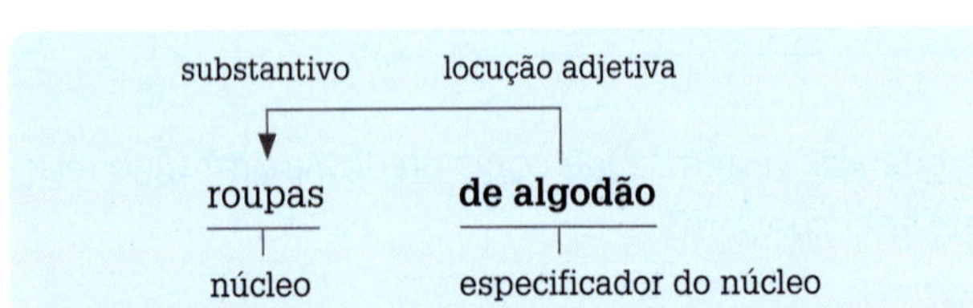

Em "monte de trigo", a expressão "de trigo" modifica o substantivo **monte**, indicando o material de que ele é feito. O mesmo ocorre em "roupas de algodão", em que a expressão "de algodão" caracteriza o tipo de **roupa**. Expressões como essas, que são formadas por mais de uma palavra e têm o papel de adjetivo, recebem o nome de **locuções adjetivas**.

Em algumas situações, as locuções adjetivas podem ser substituídas por um adjetivo equivalente. Veja:

exposição **de selos** = exposição **filatélica**
amor **de filho** = amor **filial**

Exercícios

Sob orientação do professor, leia com a turma este poema de Sérgio Capparelli:

Cabritos de primavera

Céu azul
De **acalanto**
Cabritos
Mansos.

Céu cinzento
Cabritos
Lentos.

Céu escuro
Cabritos
Pulam.

Céu mais claro
Cabritos
Raros.

Sol se vai
Cabritos berram
A chuva cai.

Vem a noite
Céu se estrela
Cabritos
Velam.

Bry Sarkis/Acervo da editora

(*111 poemas para crianças*. Porto Alegre: L&PM, 2008. p. 125.)

acalanto: composição musical baseada nas cantigas de ninar; embalo.

1. O poema apresenta forte sonoridade marcada por rimas. Que versos do poema rimam entre si?

2. O poema é organizado em seis partes, chamadas **estrofes**. O primeiro verso de cada estrofe faz afirmações sobre o tempo.

a) Como está o tempo no dia retratado?

Biry Sarkis/Acervo da editora

b) No poema, quanto tempo se passa? Justifique sua resposta.

3. Na última estrofe, lemos "Cabritos/Velam". Qual é o sentido da palavra **velam** no contexto?

4. No poema, são empregados vários adjetivos.

a) Circule no texto os adjetivos ou as locuções adjetivas.

b) Que substantivos são acompanhados pelos adjetivos que você identificou?

c) Qual é a importância desses adjetivos para a construção dos sentidos do texto?

Você acredita em horóscopo? Gosta de animais de estimação? O texto a seguir faz indicações sobre animais de estimação para um dos signos. Leia-o e responda às questões 5 a 9.

Câncer — Gato e cachorro: os nativos de Câncer são sensíveis, vulneráveis e carinhosos. A astróloga Maria Helena Martins explica que eles são muito caseiros e adoram a maioria dos animais, sejam eles domésticos ou não. Muito dependentes das outras pessoas, vivem para cuidar dos que amam. Por isso, precisam ter um animal de estimação que seja como se fosse seu filho. Além disso, "a pessoa de Câncer precisa interagir — dar e receber carinho boa parte do tempo", conta a astróloga. Por isso, o gato e o cachorro são ótimas opções, por suas personalidades mais carinhosas.

(Disponível em: https://www.uol.com.br/universa/horoscopo/album/2014/10/22/saiba-quais-sao-os-bicho-de-estimacao-que-combinam-mais-com-cada-signo.htm?mode=list&foto=5. Acesso em: 21/12/2022.)

Chendongshan/Shutterstock

5. O texto atribui algumas características aos nativos do signo de Câncer.

a) Que adjetivos são empregados para caracterizar os cancerianos?

____

____

b) No texto, qual é o substantivo a que esses adjetivos se referem?

____

6. Releia este trecho:

> "A astróloga Maria Helena Martins explica que **eles** são muito caseiros e **adoram** a maioria dos animais, sejam **eles** domésticos ou não. Muito dependentes das outras pessoas, **vivem** para cuidar dos que amam."

A que ou a quem os termos em destaque se referem, respectivamente?

a) os nativos de Câncer — os nativos de Câncer — os animais — os nativos de Câncer

b) os nativos de Câncer — os animais — os animais — as pessoas

c) as pessoas — as pessoas — as pessoas — as pessoas

d) os animais — os animais — os animais — os animais

7. Há, no texto, locuções adjetivas. Identifique-as e indique o substantivo a que cada uma se refere.

____

____

8. Considerando a finalidade de textos de horóscopo, responda:

a) Como são os leitores que tais textos têm em vista?

b) Por que há, no texto lido, palavras com função adjetiva?

9. De acordo com o texto, dependendo do signo de uma pessoa, há animais que têm características mais adequadas para serem animais de estimação dela.

a) Você também tem essa opinião? Por quê?

b) Que animal você adotaria? Por quê?

Leia a tira a seguir, de Fernando Gonsales, e responda às questões 10 a 12.

(*Níquel Náusea – Em boca fechada não entra mosca*. São Paulo: Devir, 2008. p. 139.)

10. O rato grande faz vários elogios à ratinha.

a) O que ele admira nela?

b) Que adjetivos o rato usa para caracterizar os elementos que ele admira?

11. A frase "Eles parecem dizer alguma coisa!" dá a entender que o rato vê os olhos da ratinha de que modo?

12. Observe como a ratinha diz "Meu pescoço", no último quadrinho.

a) Que efeito de sentido resulta do emprego de reticências, da divisão silábica de **pescoço** e da repetição da vogal **o**, no final?

b) O que o modo como a ratinha fala permite supor sobre a sensibilidade do rato?

c) Explique como o texto não verbal contribui para a construção de sentido nesse quadrinho.

13. Utilizando o vocabulário a seguir, reescreva as frases, substituindo as locuções adjetivas destacadas por adjetivos correspondentes. Faça as adaptações necessárias.

pluvial	fluvial	capilar	plúmbeo	fabril	áureo	digital
futebolístico	lunar	solar	matutino	vespertino	noturno	esportivo

a) Esse paciente apresenta características **de cabelo** diferentes.

b) Eram tempos **de ouro**, aqueles!

c) Vou estudar no período **da tarde**, e meu irmão no período **da noite**.

d) Os raios **da lua** batiam no alpendre da casa.

e) O tempo escurecia, nuvens **de chumbo** tomavam a paisagem.

f) O parque **de fábricas** da cidade tende a aumentar.

____

g) Naquele trecho, nos dias chuvosos, as águas **das chuvas** encontravam-se com as águas **do rio**.

____

h) A polícia descobriu o autor do crime por suas impressões **de dedos**.

____

Classificação dos adjetivos

Os adjetivos classificam-se em:

Simples

São os adjetivos formados por uma só palavra:

professor **exigente** menina **inteligente**

Compostos

São os adjetivos formados por duas ou mais palavras:

vestido **cor-de-rosa** acordo **euro-brasileiro**

Pátrios ou gentílicos

São os adjetivos utilizados para indicar procedência ou nacionalidade:

teatro **pernambucano** língua **francesa**

danielo/Shutterstock

Quando os adjetivos pátrios ou gentílicos são compostos, costuma-se empregar em primeiro lugar o adjetivo mais curto, geralmente na forma reduzida e culta. Veja:

relações entre China e Brasil
relações **sino-brasileiras**

As formas reduzidas mais utilizadas são:

afro: africano	**anglo:** inglês	**euro:** europeu	**franco:** francês
greco: grego	**hispano:** espanhol	**indo:** indiano	**ítalo:** italiano
luso: português	**nipo:** japonês	**sino:** chinês	**teuto:** alemão

Exercícios

1. Escreva um pequeno parágrafo empregando dois adjetivos compostos em que uma das formas seja reduzida, como em **sino-brasileiras**.

____

____

____

____

____

2. Substitua a oração destacada nas expressões a seguir por um adjetivo equivalente, escolhido entre os constantes no vocabulário abaixo. Se necessário, consulte um dicionário.

agradável	interessante	incolor	indelével	transparente	inflamável	alegre
insípido	inodoro	insosso	científico	reciclável	hepático	

produto **que se incendeia facilmente** ______________

líquido **que não tem cheiro** ______________

esmalte **que não tem cor** ______________

comida **que não tem sabor** ______________

material **que se pode reciclar** ______________

hambúrguer **que não tem sal** ______________

lembrança **que não se pode apagar** ______________

Alona_S/Shutterstock

Leia o texto que segue do começo ao fim e responda às questões 3 a 5.

Solidão

Era uma vez uma menina muito ______________ (falante, feia, linda) e muito ______________ (alegre, solitária, comunicativa) que vivia ______________ (presa, livre, perdida) dentro de casa. Sua mãe, uma mulher ______________ (sensível, ciumenta, receptiva) e ______________ (egoísta, solidária, bondosa), queria que a menina fosse só dela, como uma propriedade: não podia brincar, não podia ter amigas, não podia se relacionar com ninguém. Um dia, chorando, a menina pediu ao

Biry Sarkis/Acervo da editora

céu ______________ (nublado, chuvoso, azul): "Faça de mim um passarinho, pois, com minhas asas, poderei conhecer o mundo". O céu atendeu ao pedido da menina com uma advertência: ela jamais poderia chegar perto dos humanos. A menina concordou e foi transformada numa ______________ (enorme, linda, triste) sabiá. Todas as manhãs, ela saía para passear junto com os outros sabiás, que a levavam para os lugares mais ______________ (estranhos, sombrios, incríveis). Por alguns meses a menina viu tudo o que gostaria de ter visto e não tinha tido a oportunidade de ver. As coisas estavam assim, perfeitas, até que, um dia, ao ver um menino, ela sentiu saudade dos humanos e se apaixonou. Chegou perto do garoto e, com a sua voz ______________ (de gente, de sabiá, de criança), começou a cantar ______________ (novas, desconhecidas, antigas) canções que aprendera quando ainda era uma menina. O menino, ______________ (encantado, apaixonado, bondoso), chegou perto dela, coçou sua cabeça e plaft!, prendeu-a numa gaiola. A todos que iam a sua casa, ele mostrava sua conquista ______________ (de herói, maldosa, preciosa): a sabiá ______________ (triste, alegre, conformada) que sabia cantar como uma menina.

(Dilea Frate. *Histórias para acordar.* São Paulo: Companhia das Letrinhas, 2012. p. 50.)

3. Considerando o contexto, complete-o com um dos adjetivos ou locuções adjetivas que estão entre parênteses, garantindo a coerência e a coesão do texto.

4. Compare a situação da menina no início e no fim da história.

a) Houve mudança significativa em sua condição? Por quê?

____

____

b) O que a história mostra da natureza e do caráter de alguns seres humanos?

____

____

5. Compare a versão que você inicialmente leu do texto com a versão final, completada com os adjetivos. Que diferença você nota? Que contribuição os adjetivos trazem para o texto?

____

____

____

O adjetivo NA CONSTRUÇÃO DO TEXTO

Leia estes quadrinhos de Laerte:

(*Fagundes, um puxa-saco de mão cheia*. Coleção Circo 1. São Paulo: Circo-Sampa, 1991. p. 9.)

1. Observe o nome da obra da qual foram extraídos os quadrinhos. Nele, consta a expressão **puxa-saco**, empregada geralmente em linguagem coloquial.

a) Qual é sentido dessa expressão?

____

b) Os quadrinhos confirmam essa característica do personagem Fagundes? Por quê?

____

2. Na conversa com o chefe, Fagundes emprega vários adjetivos.

a) Que adjetivos ele utiliza para caracterizar o chefe?

b) Você conhece o sentido de todos esses adjetivos? Se não, troque ideias com os colegas e com o professor e, depois, registre os adjetivos que você não conhece.

Para que servem os adjetivos?

Os adjetivos modificam os nomes, atribuindo-lhes características e dando indícios sobre o ponto de vista do enunciador. Da mesma forma que os substantivos, os adjetivos contribuem para organizar o mundo em que vivemos. Assim, é por meio do adjetivo que distinguimos uma fruta **doce** de uma **azeda**, um peixe **grande** de um **pequeno**.

Os adjetivos estão diretamente relacionados com a forma como vemos o mundo. Por exemplo, você sabia que, em algumas comunidades primitivas, uma tonalidade da cor cinza corresponde, em nossa cultura, a um dos tons do azul? Os habitantes seriam diferentes de nós fisicamente? Não, simplesmente veem e organizam o mundo de forma diferente; por isso, usam adjetivos diferentes dos nossos para se referir à mesma cor.

c) O que todos esses adjetivos têm em comum?

d) Levante hipóteses: Fagundes é sincero em suas opiniões sobre o chefe? Justifique sua resposta.

3. Observe a expressão do chefe de Fagundes nos quatro primeiros quadrinhos. Como ele se sente ao ouvir os comentários de Fagundes?

4. Agora, observe os três últimos quadrinhos.

a) Quem tomou a iniciativa de punir Fagundes?

b) Possivelmente, qual seria a causa dessa iniciativa?

5. O humor da tira se encontra no último quadrinho, quando é apresentada uma surpresa que quebra a expectativa do leitor.

a) Que surpresa é essa?

b) Considerando o que acontece no último quadrinho, conclua: Os adjetivos empregados por Fagundes para caracterizar o chefe correspondem de fato às qualidades que ele tinha?

c) As histórias em quadrinhos, às vezes, exageram as situações para criar humor. Na vida real, a atitude dos colegas e do chefe de Fagundes seriam aceitáveis? Por quê?

SEMÂNTICA E DISCURSO

Leia o texto a seguir.

(*Veja Especial Luxo*, novembro de 2011.)

1. Observe as condições de produção do texto.

a) A que gênero ele pertence: um texto de campanha em favor da natureza, um anúncio publicitário ou parte de um verbete de enciclopédia?

____

b) Quem é o enunciador, responsável pelo anúncio?

____

c) Qual é a finalidade principal do anúncio?

____

____

O adjetivo e os gêneros

Os adjetivos podem ser facilmente encontrados em praticamente todos os gêneros do discurso. Contudo, eles são mais frequentes naqueles em que há a necessidade de descrever ou caracterizar um ser, como ocorre em um anúncio classificado, em um anúncio publicitário, em um manual de instrução, em um texto ficcional (conto, crônica, romance, etc.) em que se descreve um personagem, um local, uma paisagem, uma cena, etc.

2. Na parte superior do anúncio, lemos: "A raridade faz da arara-azul uma ave única entre todas as outras".

a) Qual característica da arara-azul é destacada no enunciado?

____

b) Comente o efeito sonoro criado pelas palavras **raridade** e **arara**.

____

____

____

3. A palavra **único(a)** pode ter mais de um sentido, dependendo do contexto e da posição que ocupa na frase. Compare estas frases:

> A arara-azul é a **única** ave com as cores azul e amarelo.
> A arara-azul é uma ave **única** entre todas as outras.

a) Qual é a classe gramatical da palavra **única** em cada frase?

____

b) Comparando as frases, que diferença de sentido há nos dois empregos dessa palavra?

____

____

____

4. Abaixo do enunciado principal, lemos o seguinte trecho:

> "No Banco do Brasil Private você é único. E estamos preparados para atender você com exclusividade e alta performance."

a) Troque ideias com os colegas e o professor: O que vem a ser o segmento Private de alguns bancos?

____

____

____

b) Qual é o sentido do adjetivo **único** no contexto?

____

c) Que outra palavra desse trecho reforça o sentido que você apontou no item anterior?

____

5. Compare o trecho examinado na questão 4 às frases examinadas na questão 3. A aproximação entre a arara-azul e o cliente Private pode ser vista como uma estratégia de *marketing*? Justifique sua resposta.

____

____

____

____

6. Na parte de baixo do anúncio, lemos:

> "Por ser encontrada somente no Brasil e por ser dona de um amarelo e um azul vibrantes, a arara-azul é considerada um símbolo de brasilidade."

Observe agora, ao lado, o logotipo do Banco do Brasil.

Reprodução/Banco do Brasil

a) Quais são as cores do logotipo do banco?

____

b) Faça uma breve pesquisa e responda: O Banco do Brasil é:

- [ ] uma empresa privada de capital brasileiro.
- [ ] uma empresa estatal de capital brasileiro.
- [ ] uma empresa privada de capital estrangeiro.

c) Comparando as cores da arara-azul com as cores do logotipo do banco, conclua: O que essa semelhança sugere em relação ao Banco do Brasil? Essa semelhança também pode servir de instrumento de persuasão (isto é, de convencimento) do leitor? Justifique sua resposta.

7. Compare estas frases:

Nélson não é gordo. Nélson é magro.

Que diferença de sentido há entre elas?

8. Observe o emprego dos adjetivos destacados nestes pares de frases:

A noiva estava **bonita**.
A noiva estava **linda**.

A noiva estava **bonitona**.
A noiva estava **bonitinha**.

Denise Andersen/Shutterstock

a) No primeiro par, qual é a diferença entre estar **bonita** e estar **linda**?

b) No segundo par, qual é a diferença entre estar **bonitona** e estar **bonitinha**?

9. Às vezes, a posição do adjetivo na frase altera o seu significado. Dê o significado dos adjetivos destacados nas frases a seguir.

a) Luís é um **velho** amigo.

____

Luís é um amigo **velho**.

____

b) No 6º ano, eu tive um **grande** professor.

____

No 6º ano, eu tive um professor **grande**.

____

10. Imagine a seguinte situação: um garoto recebe o amigo em casa para jogarem o novo *videogame*. Conversam sobre o equipamento e sobre outros assuntos do cotidiano. Leia o diálogo entre eles, observando o emprego dos adjetivos **bolado** e **irado**. Depois, substitua esses adjetivos por palavras ou expressões de sentido equivalente ao que têm em cada uma das situações em que foram empregados. Procure especificar ao máximo o sentido que quer dar, evitando repetir uma única forma.

— E aí, mano? Beleza?

— Beleza.

— Olha a máquina!

— Irada! _______________

— Tô bolado... _______________

— O que você aprontou?

— Sabe a Dani? Tá irada comigo. _______________

— Por quê?

— Fiquei zoando com ela no intervalo. Acho que ela ficou bolada. _______________

— Chega na mina e troca um lero, pede desculpas...

— Ideia irada, cara! _______________

— Esse *game* é muito irado! _______________

— Gostou, cara?

— Demais!

— Eu também fiquei bolado dia desses.... _______________

— Ah, é?

— Minha mãe ficou irada com minha nota. _______________

— E aí?

— Estudei o fim de semana inteiro! Mas valeu! Recuperei a nota.

— Irado!!!! _______________

11. Abaixo estão relacionados alguns significados de palavras. Descubra o adjetivo correspondente a cada um deles e escreva-o no diagrama abaixo, na horizontal, com letra de fôrma, um embaixo do outro. As primeiras letras de cada palavra, lidas na vertical, deverão formar um adjetivo com o sentido de **leve**, **delicado**, **agradável**.

- estado daquele que suou
- meio molhado
- que é agradável, amoroso
- que é muito rápido
- que está oculto

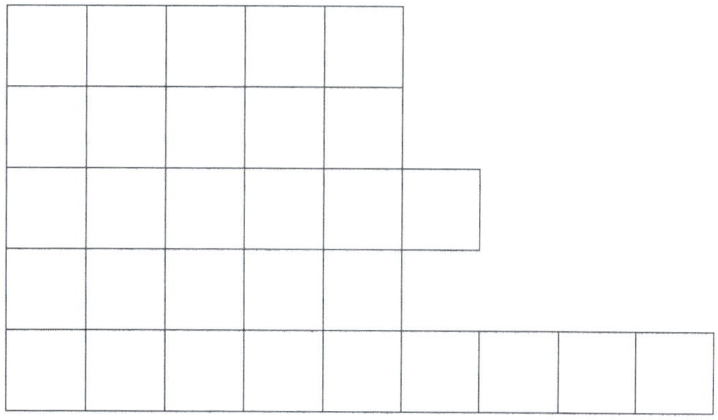

PARA FALAR E ESCREVER COM adequação

Flexão dos substantivos e dos adjetivos

Leia estes quadrinhos do cartunista argentino Nik:

(*Gaturro 2*. Cotia-SP: Vergara & Riba, 2008. p. 22.)

1. Gaturro, o personagem principal do quadrinho, está trabalhando em um escritório e ouve alguns comentários que seus colegas estão fazendo.

a) De quem eles estão falando?

____

b) A pessoa de quem falam é do sexo masculino ou do sexo feminino? Como você chegou a essa conclusão?

____

____

2. Para caracterizar a pessoa de quem falam, os funcionários empregaram a mesma classe de palavras.

a) Que classe de palavras é essa?

____

b) Você conhece o sentido de todas as palavras empregadas nesses quadrinhos? Com um traço, ligue as palavras a seguir aos seus respectivos sentidos ou sinônimos. Se tiver dúvida, consulte um dicionário.

• perverso	• inescrupuloso
• cínico	• cruel
• maquiavélico	• opressor
• prepotente	• ordinário
• hipócrita	• presunçoso
• arrogante	• ardiloso
• psicopata	• aquele que sofre de doença mental
• vil	• falso

c) Com base nessas palavras, conclua: Como é o relacionamento dessa pessoa com os demais funcionários do escritório? Por quê?

____

____

3. No último quadrinho, Gaturro pensa:

> "Nada contribui mais para enriquecer nosso vocabulário que os sinônimos de 'chefe'."

As palavras usadas pelos demais funcionários são realmente sinônimas de **chefe**? Se não, que palavra poderia ser sinônima desse termo?

____

____

4. Para responder à questão **1.b**, você precisou observar a terminação das palavras para saber o gênero (masculino ou feminino) delas.

a) Dê o feminino das palavras a seguir:

- perverso: ______________________
- néscio: ______________________
- cínico: ______________________
- obsessivo: ______________________
- maquiavélico: ______________________

b) Conclua: De que modo se forma o feminino dessas palavras?

____

____

5. Agora, observe a palavra **explorador**.

a) Qual é o feminino dela?

____

b) Como se forma o feminino dessa palavra?

____

____

c) Cite outras palavras da língua portuguesa que seguem o mesmo princípio para a formação do feminino.

____

____

6. Observe este grupo de palavras:

farsante   prepotente   hipócrita   psicopata   vil

a) Qual é o feminino dessas palavras?

____

____

b) Deduza: Como podemos saber se ela se refere a um ser do gênero masculino ou do gênero feminino?

____

____

____

____

7. Agora, observe este grupo de palavras:

perverso	arrogante	psicopata	explorador	vil

a) Dê o plural dessas palavras.

b) Observe a modificação que essas palavras sofreram e responda: De que modo se formou o plural da maioria delas? Quais são as exceções?

Ao responder às questões anteriores, você conheceu alguns dos princípios que orientam a flexão de nomes na língua portuguesa, ou seja, as variações que os substantivos e os adjetivos sofrem para indicar masculino e feminino, singular e plural.

Gênero

Flexão dos substantivos

Purple Moon/Shutterstock

A noção de **gênero** na língua portuguesa costuma ser associada ao sexo dos seres. Entretanto, não devemos confundir sexo dos seres com gênero das palavras, pelas seguintes razões:

- Todos os substantivos do português — tanto os referentes a pessoas e animais quanto os referentes a coisas — têm gênero. Veja os exemplos:

o garoto	a garota	o lápis	a saia

- Mesmo substantivos que se referem a pessoas ou animais apresentam, muitas vezes, diferenças entre sexo e gênero. Veja:

o indivíduo (é sempre masculino)	a cobra (é sempre feminino)

Assim, o gênero (masculino e feminino) da palavra nem sempre indica o sexo do ser; é apenas um princípio convencional, isto é, combinado, da língua.

O feminino dos substantivos geralmente é formado pela troca de **-o** por **-a** ou pelo acréscimo da vogal **-a** no final da palavra. Veja:

porc**o** — porc**a**
escultor — escultor**a**

Observação

Há substantivos que admitem dois gêneros; entretanto, o significado da forma masculina é diferente do significado da forma feminina. Veja alguns exemplos:

o rádio: o aparelho receptor
a rádio: a estação, a emissora
o cura: o padre
a cura: a recuperação

Flexão dos adjetivos

O feminino dos adjetivos geralmente é formado do mesmo modo que o dos substantivos, isto é, pela troca de **-o** por **-a** ou pelo acréscimo da vogal **-a** no final da palavra. Veja:

furios**o** — furios**a** holandês — holandes**a**

Há adjetivos, porém, que têm uma só forma para o masculino e para o feminino. Observe:

time **juvenil** — literatura **juvenil** menino **feliz** — menina **feliz**

Alguns formam o feminino de modo diferente. Veja estes exemplos:

plebeu — plebeia cristão — cristã
mau — má europeu — europeia

Número

Flexão dos substantivos

A maior parte dos substantivos forma o plural com o acréscimo da letra **-s**. Observe:

camiseta — camiseta**s**

Entretanto, o modo de formar o plural pode variar, dependendo da terminação das palavras. Veja:

- substantivos terminados em **-r**, **-s** ou **-z** → acrescenta-se **-es**:

colar — colar**es** freguês — fregues**es** capuz — capuz**es**

- substantivos terminados em **-l**, precedido de **a**, **e**, **o** ou **u** → substitui-se o **-l** por **-is**:

cana**l** — cana**is** ane**l** — ané**is** anzo**l** — anzó**is** pau**l** — pau**is**

Atenção:

-il (oxítonas): cant**il** – cant**is**
-il (paroxítonas): projét**il** – projét**eis**

- substantivos terminados em **-ão** → substitui-se o **-ão** por **-ãos**, **-ães** ou **-ões**:

mão — **mãos** alem**ão** — alem**ães** aç**ão** — aç**ões**

- substantivos terminados em **-zito** ou **-zinho** → pluraliza-se a palavra-base e também a terminação:

animalzinho — anim**ai**zinho**s** caracol — carac**oi**zinho**s**

- substantivos paroxítonos terminados em **-s** ou **-x** → são invariáveis:

o pire**s** — os pire**s** o tóra**x** — os tóra**x**

Flexão dos adjetivos

Quanto ao número, a flexão dos adjetivos é semelhante à dos substantivos. Veja:

garoto **francês** — garotos **franceses** prova **difícil** — provas **difíceis**

Exercícios

Leia este texto de curiosidades:

Diferença entre cabra e ovelha

A cabra e a ovelha são animais herbívoros, ruminantes, pertencentes a espécies distintas e constituem umas das primeiras espécies domesticadas e criadas pelo homem, sendo vitais economicamente como fontes de carne, pelagem e leite.

agefotostock/Alamy/Fotoarena

Tanto a cabra quanto a ovelha pertencem à família Bovidae, que constitui uma família de mamíferos ruminantes e inclui animais como antílopes, bisontes e bois. Os bovinos apresentam um papel importante na evolução cultural dos seres humanos, pois muitas espécies foram domesticadas para fins de subsistência.

Dentro da família Bovidae, a cabra e a ovelha pertencem à subfamília Caprinae. A criação desses animais como meio de subsistência pelo homem denomina-se caprinocultura, no caso das cabras, e ovinocultura, no caso das ovelhas.

(Raquel Buranelli. Disponível em https://www.portaldosanimais.com.br/curiosidades/diferenca-entre-cabra-e-ovelha/. Acesso em: 10/12/2022.)

1. Com base no texto, responda:

a) O que a cabra, a ovelha, o boi e o antílope têm em comum?

____

b) O que diferencia a cabra e a ovelha do boi?

____

2. Qual é a importância dos ruminantes, como a cabra, a ovelha e o boi, para a história do ser humano?

____

____

____

____

3. Releia o primeiro parágrafo do texto e, depois, responda:

a) Como as palavras **herbívoros**, **ruminantes**, **espécies**, **distintas**, **domesticadas** e **fontes**, que estão no plural, se formaram?

____

b) E como as palavras **animais** e **vitais**, que estão no plural, se formaram?

____

4. Embora pertençam à família Bovidae, cabra e ovelha são animais distintos e fazem a variação de gênero de modo especial.

a) As palavras **cabra** e **ovelha** estão no feminino ou no masculino?

____

b) Qual é o gênero oposto ao dessas formas?

____

5. O texto cita ainda antílopes, bisontes e bois como pertencentes à família Bovidae.

a) Quais desses substantivos formam o gênero com o acréscimo do adjetivo **macho** ou do adjetivo **fêmea**?

____

b) E qual deles tem uma forma específica para indicar o feminino? Qual é essa forma?

____

6. Muitos outros animais têm nomes específicos para indicar o masculino e o feminino. Dê o feminino de:

a) zangão: ____________________
b) elefante: ____________________
c) cavalo: ____________________
d) pavão: ____________________
e) cavalheiro: ____________________
f) cavaleiro: ____________________
g) padrasto: ____________________

7. Na tira abaixo, de Fernando Gonsales, foram propositalmente eliminados quatro adjetivos: **encantada**, **audaz**, **terrível** e **fiel**.

(*Níquel Náusea — Nem tudo que balança cai.* São Paulo: Devir, 2003. p. 3.)

a) Relacione os adjetivos aos substantivos correspondentes, buscando coerência de ideias.

príncipe ____________________
cavalo ____________________
floresta ____________________
monstro ____________________

b) Flexione em número as expressões (substantivo + adjetivo) formadas no item anterior.

____

____

c) Flexione em gênero as expressões (substantivo + adjetivo) do item **a** que aceitam essa flexão e depois passe todas as expressões formadas para o plural.

____

____

____

d) Analise suas respostas aos itens anteriores. A que conclusão você chega sobre a formação do plural feminino dos adjetivos **audaz**, **fiel** e **terrível**?

____

____

Leia este título de uma matéria jornalística:

Jovem ativista sueca consegue garantia da União Europeia de investimento de US$ 1 trilhão no clima

(Disponível em: https://conexaoplaneta.com.br/blog/jovem-ativista-sueca-consegue-garantia-da-uniao-europeia-de-investimento-de-us-1-trilhao-no-clima/. Acesso em: 10/12/2022.)

Daniele COSSU/Shutterstock

> Greta Thunberg, ativista sueca de 16 anos à qual se refere o título da notícia.

8. A notícia trata de uma menina que luta pela conservação do planeta.

a) Que palavra indica que se trata de uma pessoa do sexo feminino? ______________________

b) Qual é a classe gramatical dessa palavra? ______________________

c) Reescreva o título da matéria, imaginando que se trata de uma pessoa do sexo masculino. A que conclusão você chega sobre a flexão de gênero das palavras **jovem** e **ativista**?

____

____

9. Assim como **jovem** e **ativista**, há outras palavras invariáveis, e a indicação do sexo dos seres a que se referem é feita por meio dos pronomes, artigos e/ou adjetivos que as acompanham ou só pelo contexto. Veja os exemplos a seguir:

O dentista estava ocupadíssimo.	**A dentista** estava ocupadíssima.
Ele foi **a** principal **testemunha** no julgamento.	**Ela** foi **a** principal **testemunha** no julgamento.

Observe a lista abaixo, na qual se incluem substantivos variáveis e invariáveis quanto ao gênero.

vítima	selvagem	rei	servente	criança	cônjuge	rapaz
trabalhador	criatura	modelo	manequim	carrasco	indígena	pastor
freguesa	operário	cidadão	ator	engenheiro		

a) Identifique na lista os substantivos invariáveis quanto ao gênero e coloque-os em uma das colunas a seguir, agrupando-os pela maneira de indicar o sexo do ser a que se referem.

o/a dentista	**a testemunha**
______________	______________
______________	______________
______________	______________
______________	______________
______________	______________

b) Escolha um substantivo da segunda coluna do item **a** e crie duas frases em que, pelo contexto, fique claro seu emprego em referência a um ser do sexo feminino em uma delas e a um ser do sexo masculino em outra.

Leia estes quadrinhos de Ziraldo:

(*Curta o Menino Maluquinho 2*. São Paulo: Globo, 2007. p. 41.)

10. O Menino Maluquinho afirma que na casa dele todos ajudam nos afazeres domésticos. Explique como se dá o humor da história.

11. No último quadrinho, o Menino Maluquinho diz:

"Eu fico fazendo um showzinho pra manter o **moral** da tropa."

a) Qual é sentido da palavra **moral** nesse contexto?

b) Que outro sentido ganha essa palavra quando, antes dela, empregamos a palavra **a**, ou seja: **a moral**? Dê um exemplo.

12. A palavra **tropa** é um **substantivo coletivo**, isto é, uma palavra que, mesmo no singular, dá a ideia de vários elementos. Que outro coletivo poderia substituir o termo **tropa** nesse contexto?

13. Assim como a mudança de gênero da palavra **moral** implica uma alteração de sentido, o mesmo ocorre com outras palavras da língua portuguesa. Dê o sentido dos substantivos destacados nas frases a seguir, atentando para o gênero de cada um deles. Se necessário, consulte o dicionário.

a) Aquele **rádio** está tão ruim que não consigo sintonizar nenhuma **rádio**.

b) O homem da direita é o **cabeça** da quadrilha.

c) Mário é uma **cabeça**! Foi aprovado no vestibular sem fazer cursinho!

d) Peguei um **lotação** para ir à rodoviária.

e) Sinto muito, a **lotação** está completa.

14. Quais são as sequências em que o plural de todos os substantivos está de acordo com a norma-padrão?

a) bobagens, álcoois, fregueses, funis, juízes, açúcares

b) bombons, caracóis, cadáveres, reporters, barríeis

c) germens, fusíveis, varais, colheres, pôsteres, xadrezes

d) cereais, pastéis, meles, méis, painéis, vitrais, faróis

e) combustíveis, espectadores, gângsteres, papeizinhos, alemões

DIVIRTA-SE

Pipas coloridas

Desafio de lógica – você é capaz de resolver?

Quatro crianças estão empinando pipas. Por meio das dicas, descubra qual pipa cada uma está empinando.

1. A rabiola da pipa azul é maior do que a rabiola da pipa de Augusto.
2. Diogo está empinando a pipa azul.
3. A rabiola da pipa de Diogo é menor do que a rabiola da pipa verde.
4. A rabiola da pipa vermelha é meio metro maior do que a rabiola da pipa preta.
5. Rogério está empinando a pipa preta.

		PIPA				RABIOLA			
		azul	preta	verde	vermelha	1,50 m	2,00 m	2,50 m	3,00 m
CRIANÇA	Augusto								
	Diogo								
	Lúcio								
	Rogério								
RABIOLA	1,50 m								
	2,00 m								
	2,50 m								
	3,00 m								

(Disponível em: https://www.geniol.com.br/logica/desafios/pipas-coloridas/. Acesso em: 21/12/2022.)

Filipe Rocha/Acervo da editora

·CAPÍTULO· 7

O artigo e o numeral

Construindo o conceito

Leia este poema de Sérgio Capparelli:

paisagem

No Restaurante do Bixiga,
Na entrada,
Um ajudante de cozinha
Na entrada
Entrega colheres de sopa, duas,
Duas entrega colheres de sopa, duas,
Duas
A dois velhinhos
Sem dentes.

(*111 poemas para crianças*. 9. ed. Porto Alegre: L&PM, 2008. p. 56.)

Biry Sarkis/Acervo da editora

Bixiga: bairro tradicional de São Paulo de forte influência italiana.

1. O poema retrata uma cena urbana.

a) Onde a cena acontece?

b) O que acontece?

2. O poema repete palavras e expressões como "Na entrada", "entrega duas colheres de sopa", "duas".

a) Que efeito de sentido essas repetições provocam no texto?

b) Levante hipóteses: Qual é a condição dos dois velhinhos?

3. O poema apresenta o título "paisagem".

a) O que geralmente chamamos de **paisagem**?

b) Que novo sentido esse termo ganha no poema?

4. Compare estas construções:

- "No Restaurante do Bixiga/ Na entrada"
- Num restaurante do Bixiga/ Numa entrada

a) Qual das construções se refere a um restaurante qualquer e a uma entrada qualquer desse restaurante?

b) Qual das construções se refere a um restaurante específico e a uma entrada específica desse restaurante?

c) Qual é o sentido da palavra **Bixiga** nesse contexto? Se necessário, faça uma breve pesquisa antes de responder. Em seguida, troque ideias com os colegas e o professor e conclua: Por que, nas duas frases, foi empregada a palavra **o** (na contração **de** + **o**) e não a palavra **um** antes de Bixiga?

5. Agora, compare estas outras construções:

- "Um ajudante de cozinha [...] entrega colheres de sopa"
- O ajudante de cozinha entrega colheres de sopa.

a) Qual é a classe gramatical da palavra **ajudante**?

b) Que alteração de sentido ocorre quando se troca a palavra **um**, que precede o substantivo **ajudante**, pela palavra **o**?

c) Se, no poema, a palavra **ajudante** se referisse a uma pessoa do sexo feminino, que palavra a acompanharia, mantendo o sentido equivalente: **a** ou **uma**?

6. O texto apresenta duas palavras que expressam quantidade.

a) Quais são essas palavras?

b) Que palavras elas acompanham ou modificam? Qual é a classe gramatical dessas palavras?

Conceituando

No capítulo anterior, você aprendeu que os adjetivos modificam os substantivos. No estudo deste capítulo, você viu que palavras como **um**, **uma**, **a** e **o** também podem modificar o sentido de um substantivo, definindo-o, particularizando-o ou indefinindo-o, generalizando-o.

Em "No Restaurante", "do Bixiga" e "Na entrada", por exemplo, **o** e **a** remetem, no poema estudado, a referentes específicos, indicando que o eu lírico do poema menciona um restaurante específico, de um bairro específico (Bixiga) e uma entrada específica, talvez a entrada principal ou a única entrada. Já a palavra **um**, que acompanha **ajudante**, indefine e generaliza o substantivo, ou seja, não há interesse em particularizar ou individualizar o ajudante, pois trata-se de um ajudante qualquer. As palavras **o**, **a**, **um**, **uma** são chamadas **artigos**.

Biry Sarkis/Acervo da editora

Artigos são palavras que antecedem os substantivos, definindo-os ou indefinindo-os, particularizando-os ou generalizando-os.

Já as palavras **duas** e **dois**, que acompanham respectivamente os substantivos **colheres** e **velhinhos**, cumprem o papel de indicar a quantidade de colheres e de velhinhos. Essas palavras são chamadas **numerais**.

Numerais são palavras que quantificam substantivos ou que, quando sozinhas, expressam ideia de quantidade ou de posição em uma sequência.

Flexão e classificação dos artigos

Os artigos concordam em gênero e número com os substantivos que acompanham. Assim, quando alguém diz "Um...", já se espera que a palavra seguinte seja um substantivo no singular e do gênero masculino. No poema, por exemplo, **um** acompanha o substantivo **ajudante**. Como os artigos variam de acordo com os substantivos a que se referem, temos: **o** ajudante, **os** ajudantes, **um** ajudante, **uns** ajudantes.

Os artigos classificam-se em:

Definidos

São os artigos **o(s)** e **a(s)** que definem os substantivos, indicando que se trata de seres particularizados, determinados, específicos, já conhecidos ou mencionados no discurso, como na frase "N**o** Restaurante d**o** Bixiga/ N**a** entrada...". No exemplo, sabemos que se trata de restaurante, bairro e entrada específicos e não de qualquer restaurante, de qualquer bairro ou de qualquer entrada.

Além disso, é possível utilizar artigos definidos para fazer uma afirmação generalizante sobre o substantivo ao qual esses artigos se referem. Considere esta frase:

A criança precisa de carinho e proteção.

Nela, o artigo definido **a** generaliza o referente **criança**, pois não se refere a uma criança específica, mas a todas as crianças. Assim, equivale a dizer que qualquer criança precisa de carinho e proteção.

A ausência de artigo também pode produzir, em alguns contextos, um sentido generalizante, por exemplo:

Criança precisa de carinho e proteção.

Indefinidos

São os artigos **um (uns)** e **uma (umas)**, que fazem referência aos substantivos de forma imprecisa, indicando geralmente que se trata de quaisquer itens de uma mesma série. É o caso, por exemplo, da frase "**Um** ajudante de cozinha [...] entrega colheres de sopa". Na referência imprecisa, o referente pode estar claro para a pessoa que fala, mas não necessariamente está para seu interlocutor. É o que ocorre, por exemplo, na frase "Conheço **um** ótimo restaurante nessa rua", na qual somente o enunciador sabe a que restaurante ele se refere.

Às vezes, o artigo aparece em uma contração, isto é, unido a outras palavras. Por exemplo:

"**No** restaurante **do** Bixiga/ **Na** entrada"

- **No**: (em + o) — artigo definido
- **do**: (de + o) — artigo definido
- **Na**: (em + a) — artigo definido

Os velhinhos receberam colheres **dum** ajudante de cozinha.

- **dum**: (de + um) — artigo indefinido

Contrações do artigo

em + a(s) = na(s)	de + a(s) = da(s)
em + o(s) = no(s)	de + o(s) = do(s)
em + um = num	de + um(a) = dum(a)
em + uns = nuns	de + um(ns) = dum (duns)
em + uma(s) = numa(s)	de + uma(s) = duma(s)

Gustavo Ramos/Arquivo da editora

Flexão e classificação dos numerais

No estudo do poema "paisagem", você viu que o numeral **duas**, em "duas colheres", e o numeral **dois**, em "dois velhinhos", indicavam quantidade. Além de quantificar o referente, os numerais também podem expressar a ideia de ordem ou indicar proporção. Veja:

O **primeiro** velhinho a pegar a colher foi o mais alto.
O **segundo** velhinho a pegar a colher foi o mais baixo.
Um terço dos habitantes da cidade tem problemas respiratórios.

Empregar algarismos ou numerais?

Numerais são palavras que expressam quantidade, ordem ou fração, como um, primeiro, meio, etc. Formas numéricas usadas na Matemática, como 1, 2º, ⅓, são chamadas **algarismos**.

Ao produzirmos um texto, em geral, é recomendado empregarmos numerais; por exemplo: "Comprei dois livros para presentear meu amigo" e não "Comprei 2 livros...". Mas números de telefone, datas, dados estatísticos e outros ficam melhor em algarismos: "Até 2022, meu número de telefone era 2375-55661".

Os numerais podem ser:

Cardinais

São os que dão nome ao número ou quantificam o nome ao qual fazem referência:

O garçom entregou **duas** colheres.

Ordinais

São os que indicam a posição de um ser em determinada sequência:

A **primeira** colher foi dada à senhora.

Multiplicativos

São os que indicam o número de vezes pelo qual uma quantidade é multiplicada:

Ele tomou o **dobro** da sopa.

Fracionários

São os que indicam o número de vezes pelo qual uma quantidade é dividida:

Ela tomou um **terço** da sopa.

Quanto ao gênero, os numerais **um** e **dois** e os que indicam centenas, a partir de **duzentos**, apresentam também forma feminina. Os demais cardinais são invariáveis. Veja:

um livro — **uma** revista

dois garotos — **duas** garotas

duzentos alunos — **duzentas** alunas

sete pijamas — **sete** camisetas

Os numerais ordinais apresentam forma masculina e feminina:

- Seu boné está na **segunda** ou na **terceira** gaveta da cômoda.
- Este é o meu **primeiro** *skate*.

Quanto à flexão de número, os numerais cardinais, como **milhão**, **bilhão** e **trilhão**, admitem plural (**milhões**, **bilhões**, **trilhões**). Os demais cardinais são invariáveis.

Os dias do mês

Na indicação do primeiro dia do mês, deve-se empregar o ordinal: **primeiro** de fevereiro, **primeiro** de março. Mas na indicação dos demais dias usa-se o cardinal: **dois** de fevereiro, **vinte e seis** de março. Os nomes dos meses, como se vê, devem ser grafados sempre com letra inicial minúscula.

Eis uma tabela de algarismos e numerais, para consulta:

ALGARISMOS		NUMERAIS	
Arábicos	**Romanos**	**Cardinais**	**Ordinais**
1	I	um	primeiro
2	II	dois	segundo
3	III	três	terceiro
4	IV	quatro	quarto
5	V	cinco	quinto
6	VI	seis	sexto
7	VII	sete	sétimo
8	VIII	oito	oitavo
9	IX	nove	nono
10	X	dez	décimo
11	XI	onze	décimo primeiro ou undécimo
12	XII	doze	décimo segundo ou duodécimo
13	XIII	treze	décimo terceiro
14	XIV	quatorze ou catorze	décimo quarto
15	XV	quinze	décimo quinto
16	XVI	dezesseis	décimo sexto
17	XVII	dezessete	décimo sétimo
18	XVIII	dezoito	décimo oitavo
19	XIX	dezenove	décimo nono
20	XX	vinte	vigésimo
21	XXI	vinte e um	vigésimo primeiro
30	XXX	trinta	trigésimo
40	XL	quarenta	quadragésimo
50	L	cinquenta	quinquagésimo
60	LX	sessenta	sexagésimo
70	LXX	setenta	setuagésimo
80	LXXX	oitenta	octogésimo
90	XC	noventa	nonagésimo
100	C	cem	centésimo
200	CC	duzentos	ducentésimo
300	CCC	trezentos	tricentésimo
400	CD	quatrocentos	quadringentésimo
500	D	quinhentos	quingentésimo
600	DC	seiscentos	seiscentésimo ou sexcentésimo
700	DCC	setecentos	setingentésimo
800	DCCC	oitocentos	octogentésimo
900	CM	novecentos	noningentésimo ou nongentésimo
1 000	M	mil	milésimo

Exercícios

Leia esta tira:

(Disponível em: http://depositodocalvin.blogspot.com/2008/05/calvin-haroldo-tirinha-437.html. Acesso em: 22/6/2019.)

1. As cenas da tira se passam em um evento do qual participam os personagens Calvin, Susie e Haroldo.

a) Qual é esse evento? Justifique sua resposta com base em elementos verbais e não verbais do texto.

b) Deduza: De quem é o grito indicado pelo balão maior no último quadrinho? Justifique sua resposta.

2. Releia a fala de Calvin no 2º quadrinho.

a) Qual é o critério de Calvin para decidir se o bolo é bom?

b) Nessa fala de Calvin, a expressão **o aniversariante** se refere a alguém especificamente?

c) Identifique e classifique o artigo presente nessa fala e conclua: Qual é a função do artigo nesse contexto?

d) Se Calvin quisesse se referir especificamente a Susie por meio da palavra **aniversariante**, ele usaria o mesmo artigo? Justifique sua resposta.

3. Releia as seguintes falas, extraídas, respectivamente, do primeiro e do último quadrinho:

- "Aqui um prato de papel pro bolo"
- "Quem é que já cortou um pedaço do meu bolo?!"

a) Releia o boxe "Contrações do artigo", na página 171, e deduza: Como se dá a formação da palavra **pro**?

b) Levante hipóteses: Que efeito de sentido a opção pela forma **pro** constrói na tira? Identifique outro termo da tira que busca esse mesmo efeito de sentido.

Um: artigo ou numeral?

Para saber se a palavra **um** cumpre o papel de artigo ou numeral em uma frase, é sempre necessário analisar a situação na qual a frase é dita. Se, no contexto, podemos colocar a palavra **qualquer** após o substantivo ao qual se refere o termo **um**, sem modificar o sentido, trata-se do artigo indefinido. Ainda, se no contexto o sentido de **um** equivale a **certo**, **determinado**, também se trata de artigo indefinido.

Outra possibilidade é substituir **um** por **dois**, para ver se a palavra tem ou não a função de expressar a ideia de quantidade naquele contexto. Em caso afirmativo, trata-se de numeral. Podemos ainda tentar colocar as palavras **somente** ou **apenas** antes de **um**: se o sentido se mantiver, também se classifica **um** como numeral.

c) Identifique uma ocorrência de artigo definido em cada uma das frases. Indique quais termos esses artigos modificam e explique qual é o sentido que eles acrescentam aos termos modificados nas duas ocorrências.

d) Agora, observe as duas ocorrências da palavra **um**. Indique a que termo ela se refere em cada uma das falas.

____

____

e) Leia o boxe "**Um**: artigo ou numeral?", na página anterior, e indique a qual classe de palavras pertence a palavra **um** em cada uma das falas da tira, explicando de que forma ela modifica esses termos nas duas ocorrências.

____

____

____

____

____

4. Imagine que Susie tenha dito as frases a seguir a Calvin. Marque com **A** aquelas nas quais o **um** é artigo e com **N** aquelas nas quais ele é numeral.

- [ ] Você só trouxe um prato para o bolo?
- [ ] Tem um prato para mim?
- [ ] Você vai comer um único pedaço de bolo?
- [ ] Você não vai comer um pedaço do meu bolo?
- [ ] Pegue um pedaço de bolo!

5. Agora, releia esta fala do último quadrinho:

"Quem é que já cortou um pedaço do meu bolo?! Eu nem soprei as velinhas ainda!"

a) A expressão **as velinhas** se refere a velas específicas? Justifique sua resposta.

____

____

____

____

____

b) Qual é a resposta à pergunta feita na primeira parte dessa mesma fala? Justifique sua resposta com elementos da tira.

______

______

______

______

6. O artigo definido pode aparecer ao lado de substantivos que designam Estados, países, oceanos, rios, etc. Por exemplo:

o Rio de Janeiro, **a** França, **o** Pacífico, **o** Tietê

Há, a seguir, o nome de alguns Estados brasileiros. Identifique aqueles que dispensam o artigo definido.

Amazonas — Pará — São Paulo — Minas Gerais
Rio de Janeiro — Maranhão — Piauí
Rio Grande do Norte — Santa Catarina — Paraíba
Pernambuco — Sergipe — Bahia — Goiás

______

______

S.Borisov/Shutterstock

> Vista da Torre Eiffel, Paris, França.

7. Às vezes, em certas situações, o artigo pode adquirir um sentido diferente do usual. Reescreva as frases a seguir substituindo o artigo destacado por uma palavra de sentido equivalente.

a) Mamãe comprou peras de cinco reais **o** quilo.

______

b) Esperei por ele **uma** meia hora.

______

c) Ele falou de **uma** maneira que me magoou profundamente.

______

8. Há situações em que a presença ou a ausência do artigo influem na noção de quantidade relacionada ao substantivo. Compare estas duas frases:

- Participaram da festa junina alunos do 6º ano.
- Participaram da festa junina **os** alunos do 6º ano.

Qual delas dá ideia de que apenas alguns alunos participaram da festa junina? ______

9. Explique a diferença de sentido entre as frases a seguir, considerando a presença ou não do artigo definido.

- Quando eu crescer, quero ser **engenheiro** na firma do meu avô.

____

- Quando eu crescer, quero ser o **engenheiro** na firma do meu avô.

____

10. Compare estes dois enunciados quanto ao sentido:

- Mariana já comeu **o** doce.
- Mariana já comeu **do** doce.

a) Em qual deles o sentido é de que Mariana comeu todo o doce?

____

b) Qual é o sentido do outro enunciado?

____

c) Que palavra do segundo enunciado é responsável pela mudança de sentido?

____

11. Transforme em numerais os algarismos das frases a seguir. Se necessário, consulte a tabela de numerais.

a) No dia 1º de janeiro comemora-se o Dia da Confraternização Universal.

____

b) Foi no dia 19 de novembro de 1969 que Pelé marcou seu 1 000º gol.

____

c) Uma pessoa levaria 12 dias para contar de 1 até 1 000 000 se demorasse apenas um segundo em cada número. Para chegar a 1 000 000 000, ela precisaria de 32 anos.

____

d) Em um salto, um paraquedista cai a 200 km/h até o paraquedas abrir.

____

e) No palácio de Versalhes (França), durante o reinado de Luís XIV, era falta de educação bater à porta com a mão cerrada. O certo era bater com o dedo mindinho da mão esquerda. Por isso, todos deixavam a unha desse dedo crescer mais do que as outras.

____

O artigo e o numeral
NA CONSTRUÇÃO DO TEXTO

Leia o anúncio a seguir.

Reprodução/Harley Davidson

(Disponível em: https://br.pinterest.com/phelipemarconde/carro/. Acesso em: 11/10/2022.)

1. O anúncio cita apenas o nome do produto anunciado, mas não explicita o tipo de produto.

a) O que representa a imagem em destaque no primeiro plano do anúncio?

b) Qual expressão do enunciado verbal do anúncio faz referência direta ao produto anunciado? Justifique sua resposta.

2. Observe abaixo duas expressões em inglês empregadas no texto e leia o boxe "Curiosidades sobre a Harley-Davidson" para responder aos itens a seguir.

- *110th*
- *Live by it*

a) Como se traduz, em algarismos e por extenso, a expressão *110th* para o português? A que ela faz referência no contexto do anúncio?

b) Troque ideias com os colegas e o professor: Quais significados essas duas expressões têm para a construção da imagem da marca, no contexto do anúncio?

Curiosidades sobre a Harley-Davidson

Segundo um artigo publicado na *Revista Brasileira de Marketing*, a empresa Harley-Davidson lançou, no ano de 2006, um vídeo institucional com um texto denominado "Live by it" ("Viver por ela", em português), que se transformou em uma oração cultuada pelos fãs de motocicletas da marca, pois ele representava o perfil de liberdade e romantismo da empresa e dos proprietários das motos da marca.

Em 2013, a Harley-Davidson comemorou 110 anos de história e lançou alguns modelos com o emblema comemorativo da data, um medalhão fixado no tanque de gasolina das motocicletas.

Reprodução/Harley-Davidson

› Um dos modelos exclusivos lançados em 2013.

3. Observe as ocorrências das palavras **um** e **uma** no texto verbal do anúncio.

a) A quais termos do texto cada uma dessas palavras se refere?

b) Tendo em vista o sentido do enunciado como um todo, explique de que forma cada uma dessas palavras modifica o termo ao qual se refere.

c) Com base em sua resposta ao item **b**, indique a classe a que pertence cada uma dessas palavras no contexto do anúncio.

4. Há, no texto verbal, três substantivos empregados sem nenhum determinante, isto é, sem nenhuma palavra que contribua para especificar o seu sentido.

a) Quais são eles?

b) Proponha uma reescrita para o trecho, acrescentando numerais e/ou artigos que façam referência a esses substantivos, sem alterar substancialmente o sentido do anúncio.

c) Compare a sua resposta ao item **b** com o texto original, troque ideias com os colegas e o professor e conclua: Que efeito de sentido foi criado no texto pelo emprego de nomes sem determinantes?

5. Com base em suas respostas às questões anteriores, identifique quais afirmações sobre o anúncio em estudo são corretas.

- [ ] As palavras **um** e **uma** foram utilizadas de forma estratégica na primeira frase do texto para criar o efeito de sentido pretendido pelo anúncio.
- [ ] As palavras **um** e **uma**, na primeira frase do texto, prejudicam o texto do anúncio, deixando-o impreciso.
- [ ] O emprego de diversos artigos e numerais ao longo de todo o texto contribui para construir o sentido pretendido no contexto do anúncio.
- [ ] A ausência de artigos e numerais na segunda frase do texto pode prejudicar gravemente a leitura e a compreensão do anúncio.
- [ ] A ausência de artigos e numerais na segunda frase do texto contribui para construir o sentido pretendido no contexto do anúncio.

6. Com base no estudo feito, troque ideias com os colegas e o professor e conclua: É possível considerar que o anúncio em estudo faz mais do que apenas vender um produto? Justifique sua resposta.

Para que servem os artigos e os numerais?

Além de particularizar ou generalizar, de definir ou indefinir, os artigos também servem para retomar um elemento já mencionado no discurso. Por exemplo, na frase "Está bem, então eu vou com o carro", o artigo indica que se trata de um carro do qual se falava anteriormente. Os artigos servem ainda para retomar algo relacionado a outra situação, mas que é do conhecimento do interlocutor, como nesta frase: "Lembra a nota baixa que eu tive?".

Os numerais, por sua vez, contribuem para o ser humano ser capaz de expressar quantidades numéricas, ordenar ou organizar tudo aquilo que o cerca. Por exemplo, quando o marido diz à mulher "Vou ganhar o dobro do que ganho", ou o médico diz ao paciente "Tome duas colheres no almoço e uma no jantar", ou um pai diz a um amigo "Meu segundo filho nasceu em 1990", o numeral permite expressar com exatidão a quantidade numérica e a ordem desejadas, tornando o enunciado mais eficiente quanto à construção do sentido.

SEMÂNTICA E DISCURSO

Leia esta tira:

(Alexandre Beck. *Armandinho dez*. Florianópolis: A. C. Beck, 2018. p. 63.)

1. A tira faz referência a uma data cívica, o dia sete de setembro.

a) O que se comemora nessa data?

____

b) Que outra data é mencionada na tira? O que ela marca na história do Brasil?

____

2. As falas de Armandinho no 2º e no 3º quadrinhos causam surpresa.

a) Por quê?

____

b) Como Armandinho imagina que era o Brasil antes de 1500?

____

____

c) Você concorda com o ponto de vista de Armandinho? Troque ideias com os colegas e responda: Até que ponto o Brasil é dependente ou independente?

3. Nas falas há dois numerais.

a) Identifique-os.

b) Levante hipóteses: Por que um deles foi escrito por extenso e o outro foi escrito com algarismos?

4. Releia o 2º quadrinho.

a) Identifique os artigos que foram empregados. Eles são definidos ou indefinidos?

b) Seria possível substituir o artigo definido pelo indefinido e vice-versa? Por quê? Justifique sua resposta.

5. As expressões destacadas nas frases a seguir apresentam numerais. Leia-as e depois dê o significado de cada uma delas, de acordo com o contexto. Se necessário, consulte o dicionário.

a) Você trocou **seis por meia dúzia**.

b) Comigo é assim: é **oito ou oitenta**.

c) Ela repete o caso **a três por dois**.

____

d) Quando lhe deram a notícia, caiu **de quatro**.

____

e) O garoto pediu **mil e uma** desculpas ao pai por não ter cumprido o que haviam combinado.

____

f) As campeãs de vôlei no campeonato estadual estavam **a mil**.

____

g) Para você tudo é **bicho de sete cabeças**.

____

h) Na festa de aniversário, a criançada **pintou o sete**.

____

i) Menina, você é **dez**.

____

6. Você já sabe o que são coletivos. Às vezes, os coletivos indicam o número exato de objetos que compõem a coleção. Por exemplo, **década** indica um período de dez anos; **século**, um período de cem anos.

Indique a quantidade correspondente aos coletivos a seguir e os elementos a que cada um se aplica.

a) semana ____

b) trio ____

c) quinteto ____

d) semestre ____

e) novena ____

f) par ____

____

g) dúzia ____

Leia o cartaz a seguir e responda às questões 7 e 8.

(Disponível em: https://static5.vvale.com.br/wp-content/uploads/2014/05/Lacres-2.jpg. Acesso em: 11/10/2022.)

7. Relacione as partes verbal e não verbal do texto.

a) O que representa o desenho central? Do que ele é formado?

b) O cartaz se dirige textualmente a alguém ou faz algum apelo direto? Justifique sua resposta.

c) Troque ideias com os colegas e o professor: Qual é o objetivo desse cartaz? Justifique sua resposta.

d) Qual é a relação entre o desenho central e o objetivo do cartaz?

8. Observe as duas ocorrências da palavra **uma** no cartaz.

a) Indique o seu sentido e a qual classe de palavras ela pertence em cada uma dessas ocorrências, justificando sua resposta.

b) Complete as lacunas a seguir com o numeral correspondente, com base nas informações veiculadas no cartaz.

A ______________ garrafa de 2 litros cheia de lacres completa a quantidade necessária para realizar a troca. (numeral ordinal)

Caso as garrafas sejam de 1 litro, será necessário o ______________ da quantidade de garrafas para efetuar a troca. (numeral multiplicativo)

40 garrafas de 2 litros correspondem à ______________ da quantidade necessária para a troca. (numeral fracionário)

PARA ESCREVER COM adequação

Concordância nominal

Leia a seguir a letra de uma canção de Taciana Barros, do disco *Pequeno cidadão*:

Meu anjinho

Meu anjinho (4 vezes)
Feche os olhos
De mansinho
Deixa o sono
Pousar

Pra sonhar
Com borboletas
Amarelas
Violetas

Brancas, azuis, vermelhas, verdes, pretas
Pintadas, listradas, xadrez

Pois o sol
Já foi dormir
Para a noite
Te abraçar

E as estrelas
Prateadas (douradas, brilhantes, esmeraldas)
Lá do céu
Vão iluminar

As fadas (e os duendes, elfos, curupiras)
As flores
O rio
O mar
E aqui dentro
No escurinho
Os braços
Desta canção
Vou te ninar

Biry Sarkis/Acervo da editora

(Disponível em: https://immub.org/album/pequeno-cidadao. Acesso em: 11/1/2022.)

1. O eu lírico do poema se dirige ao seu interlocutor como "Meu anjinho".

a) Levante hipóteses: A quem ele chama de "anjinho"?

b) Que sentido tem a palavra **anjinho**, no diminutivo?

2. Observe estas palavras do poema:

"Amarelas
Violetas

Brancas, azuis, vermelhas, verdes, pretas
Pintadas, listradas, xadrez"

a) A que classe de palavras elas pertencem?

b) Por que essas palavras estão no feminino e no plural?

3. Observe a frase:

"as estrelas prateadas (douradas, brilhantes, esmeraldas)"

a) A que classe gramatical pertence cada uma das palavras?

b) Por que a palavra **as** está no feminino plural?

c) Por que todos os adjetivos estão no feminino e recebem o **s** no final das palavras?

4. Analise os versos ao lado e deduza.

"E aqui dentro
No escurinho
Os braços
Desta canção
Vou te ninar"

a) Onde o "anjinho", provavelmente, está?

____

b) O que o eu lírico está fazendo?

____

c) Qual é a função da canção?

____

Ao responder às questões, você observou que os substantivos **borboletas** e **estrelas** estão no feminino plural e, por isso, tanto os adjetivos quanto os artigos que a eles se referem concordam em gênero e número. Nesses casos, foi feita a concordância de acordo com as regras da norma-padrão. Concordância é um princípio linguístico que orienta a combinação das palavras na frase. Veja:

"as	**estrelas**	prateadas, douradas, brilhantes, esmeraldas"
artigo	substantivo	adjetivos

Exercícios

Leia as tiras a seguir e responda às questões 1 e 2.

© Angeli/Fotoarena

(Angeli. *Folha de S.Paulo*, 4/5/2006.)

© Fernando Gonsales/Acervo do cartunista

(Fernando Gonsales. *Níquel Náusea — Nem tudo que balança cai!*. São Paulo: Devir, 2003. p. 7.)

1. Observe a fala da personagem da 1ª tira. Sabendo que o substantivo **grama** pode ter dois sentidos — de "unidade de peso" e de "erva da família das gramíneas" —, você acha que no trecho "**duzentos gramas** de quadrinhos moídos" a concordância entre o numeral e o substantivo destacados está de acordo com a norma-padrão? Por quê? Se necessário, consulte o dicionário.

2. No último quadrinho da 2ª tira, lemos: "Proibido formigas".

© Angeli/Fotoarena

a) O enunciado dessa frase está de acordo com a norma-padrão? __________

b) De acordo com a norma-padrão, que outra redação poderia ser dada a esse enunciado?

3. Preencha as lacunas das frases a seguir com as palavras indicadas entre parênteses, fazendo a concordância nominal recomendada pela norma-padrão.

a) Eu __________ vou fazer a pintura da casa, disse a proprietária. (mesmo)

b) Eles __________ viram o que aconteceu. (próprio)

c) A energia está muito __________. (caro)

d) Você sempre gosta de ver os __________ filmes? (mesmo)

4. Sabendo que **meio** equivale à expressão "um pouco" e é uma palavra invariável (empregada sempre no masculino singular) e que **meio(os)/meia(as)** com o sentido de "metade" deve concordar com o substantivo, preencha as lacunas das frases a seguir com uma dessas formas, fazendo a concordância recomendada pela norma-padrão.

a) As alunas já estão __________ cansadas de teoria e querem ir para a prática.

b) Ponha __________ xícara de açúcar mascavo e misture bem.

c) Não entre, pois a sala está __________ molhada.

d) Corte cinco __________ laranjas e reserve.

A concordância e o preconceito linguístico

O princípio da concordância está entre os aspectos mais frequentemente vistos de forma preconceituosa quando o falante não segue a norma-padrão. Muitas pessoas, sem base científica, associam as formas de concordância mais econômicas, como "Pega **as coisa tudo** e **vamo** embora", a deficiência intelectual, considerando-as erradas ou inaceitáveis. Uma observação mais atenta, porém, leva a constatar que esse tipo de construção ocorre na fala de um grande número de pessoas, menos ou mais escolarizadas, e de forma nenhuma está relacionada com inteligência ou capacidade de raciocínio.

Leia a tira a seguir de Fernando Gonsales:

(*Folha de S.Paulo*, 6/3/2011.)

5. A tira estabelece intertextualidade com um conto maravilhoso conhecido.

a) Que conto é esse?

b) A tira apresenta uma novidade em relação à personagem feminina do conto. Qual é a novidade? Qual é a causa dessa novidade?

6. A tira modifica a versão da história original.

a) No conto original, por que a personagem feminina come uma maçã?

b) E na tira?

7. Releia o 2º quadrinho e responda:

a) De acordo com a norma-padrão, o adjetivo **obrigado** concorda com a pessoa que agradece. Na tira, o emprego dessa palavra está de acordo com a norma-padrão? Por quê?

____

b) Se um dos anões fizesse o mesmo agradecimento, como ficaria esse adjetivo? _______________

c) Se Branca de Neve afirmasse que pretendia comer metade do bolo e metade da maçã, como ela deveria dizer: **meio** ou **meia**? _______________

8. Leia a seguir um poema de Cora Coralina. Observe que alguns substantivos e adjetivos originais do poema foram propositalmente suprimidos. Escreva essas palavras, atentando para a construção do sentido do texto.

Olha para estas mãos
de mulher _______________, (roceiro)
_______________ mãos _______________. (esforçado, cavouqueiro)

_______________, de falanges _______________, (pesado, curto)
sem trato e sem carinho.
_______________ e _______________. (ossudo, grosseiro)

Mãos que jamais calçaram luvas.
Nunca para elas o brilho dos _______________. (anel)
[...]

Mãos alavancas
na escava de construções _______________. (inconcluso)

Mãos _______________ e _______________ de mulher (pequeno, curto)
que nunca encontrou nada na vida.
_______________ de uma longa estrada. (caminheiro)
Sempre a caminhar.
Sozinha a procurar,
o ângulo prometido,
a pedra rejeitada.

Biry Sarkis/Acervo da editora

(*Traço de poesia — Antologia de poesia para jovens*. São Paulo: Global, 2006. p. 45.)

9. A respeito do poema, responda:

a) Quem é o eu lírico do texto?

b) Qual é a relação do eu lírico com o trabalho?

c) Ao avaliar a própria trajetória de vida, como o eu lírico se sente?

DE OLHO NA escrita

Acentuação (I)

Você já provou vatapá? Tem ideia de como ele é preparado? Leia o texto a seguir:

Receita de vatapá baiano tradicional

O vatapá é um prato típico da culinária afro-brasileira e muito presente na culinária baiana. Seu preparo pode incluir pães amanhecidos molhados ou farinhas, como as de trigo, de fubá, de mandioca... Também estão presentes no preparo o amendoim e as castanhas-de-caju, que podem ser opcionais!

ArtbyPixel/Shutterstock

No entanto, dois ingredientes muito essenciais são o leite de coco e o azeite de dendê. Além disso, o coentro também brilha neste prato tão exótico! O vatapá baiano tradicional pode ser servido com peixe, frango ou como acompanhamento do acarajé.

(Disponível em: https://www.tudoreceitas.com/receita-de-vatapa-baiano-tradicional-9378.html. Acesso em: 23/12/2022.)

1. De acordo com o texto:

a) Qual é a origem do vatapá?

b) Em que Estado brasileiro ele é frequentemente consumido?

c) Quais são os ingredientes básicos do vatapá?

d) Quais são os ingredientes opcionais?

2. A palavra **afro-brasileira** é formada pela junção de duas palavras. Quais são elas?

3. Leia estas palavras do texto:

o é e na seu de são tão do

a) Classifique-as quanto ao número de sílabas, isto é, em monossílabas, dissílabas, trissílabas ou polissílabas.

b) Qual delas recebeu o acento agudo (´)?

c) Quais apresentam o emprego do til (~)? Qual é o papel desse sinal gráfico?

4. Agora, leia estas outras palavras do texto em voz alta:

vatapá fubá também caju dendê tradicional acarajé

a) Identifique a sílaba tônica de cada uma e responda: Elas são oxítonas, paroxítonas ou proparoxítonas?

b) Quais dessas palavras receberam acento gráfico?

Gorodenkoff/Shutterstock

5. Leia estas frases:

- A cozinheira mói as castanhas para colocá-las no vatapá.
- A cozinheira recebeu um troféu pelo melhor vatapá da Bahia.
- O vatapá não tem influência da cozinha europeia.
- Eu apoio a iniciativa de fazer um vatapá.
- A cozinheira já assinou os papéis de sua contratação.

a) Em todas elas, há uma palavra que apresenta um ditongo aberto. Quais são essas palavras?

____

b) Nessas palavras, o ditongo se situa na sílaba tônica?

____

c) Em quais palavras esses ditongos foram acentuados?

____

d) Levante hipóteses: Por que os outros ditongos não receberam acento gráfico?

____

____

O acento gráfico

Ao responder às questões sobre o texto "Receita de vatapá baiano tradicional", você observou que algumas palavras têm acento gráfico e outras não. Por que essa diferença? O acento gráfico existe para evitar dificuldades na leitura e na compreensão de algumas palavras escritas. Geralmente, pelo contexto, conseguimos compreender o sentido das palavras, mas note como o acento gráfico facilita a percepção do sentido delas nestas frases:

- A **polícia** local **policia** apenas o nosso bairro.
- Vá até a **secretaria** e peça à **secretária** o grampeador emprestado.

Acentuação dos monossílabos tônicos e das oxítonas

Você observou, ao responder às questões anteriores, que alguns monossílabos tônicos e algumas palavras oxítonas são acentuados e outros não. Veja por quê:

São acentuados os monossílabos tônicos e as palavras oxítonas terminados em **-a**, **-e**, **-o** e em ditongos abertos **éi**, **éu** e **ói**, seguidos ou não de **-s**.

Veja:

babás dendê avós papéis céus dói

Nas palavras terminadas em **-em**, os monossílabos e as oxítonas têm regras diferentes:

São acentuadas as palavras oxítonas terminadas em **-em (ens)**, porém não são acentuados os monossílabos terminados em **-em (ens)**.

Veja:

também ninguém parabéns quem tem bem

IMPORTANTE

1. Verbos como **conter**, **deter**, **manter** e **reter** apresentam formas oxítonas acentuadas nas 3ªs pessoas do presente do indicativo. No singular, é usado acento agudo e, no plural, acento circunflexo. Observe:

ele contém	ele detém	ele mantém	ele retém
eles contêm	eles detêm	eles mantêm	eles retêm

2. Os verbos **ter** e **vir** nas 3ªs pessoas do presente do indicativo são monossílabos tônicos terminados em **-em**. Pela regra dos monossílabos, não deveriam ser acentuados. Entretanto, acentua-se a forma da 3ª pessoa do plural para diferenciá-la da forma do singular. Observe:

ele tem	ele vem
eles têm	eles vêm

Exercícios

1. Nos textos a seguir, faltam palavras. Algumas são oxítonas, outras são monossílabas tônicas. O professor vai ditá-las, e você deve escrevê-las nos espaços correspondentes a cada uma, lembrando-se de acentuá-las adequadamente. Depois que terminar o exercício, releia os textos.

A anta, o carbono, o clima

[...]

_______________ onde entram as antas nessa história? Calma, que eu _______________ explico. Na natureza, os animais, especialmente mamíferos e aves, atuam como dispersores de sementes, isto é, carregam as sementes de um lugar a outro, para que possam _______________ e formar novas plantas. Então, a presença desses bichos é fundamental para que a _______________ de árvores de uma floresta se renove.

slowmotiongli/Shutterstock

Numa floresta, as espécies _______________ que capturam mais carbono da atmosfera são, em geral, as árvores grandes e de madeira dura. Ao mesmo tempo, elas _______________ costumam produzir as maiores sementes. Por isso, precisam de grandes animais para _______________-las por _______________. A anta é uma grande parceira nesse trabalho — mas não a única: na mata atlântica, por exemplo, os _______________ e as jacutingas _______________ ajudam a dispersar grandes sementes.

(Disponível em: https://chc.org.br/a-anta-o-carbono-o-clima/. Acesso em: 13/10/2022.)

Reis da propaganda

Em tempos beligerantes, o cultivo do patriotismo ______________. Os super-______________, com sua clássica e quase ______________ visão do ______________ e do ______________, serviram muito bem a esse propósito. Com a entrada dos Estados Unidos na guerra, ______________ o bombardeio ______________ a Pearl Harbor, no Havaí, em 7 de dezembro de 1941, Superman e seus seguidores passaram mais do que nunca a ______________ em frente à bandeira americana. Nasceu ______________, naquele mesmo ano, o mais patriota de todos os ______________: o ______________ América.

phol_66/Shutterstock

[...]

(*Superinteressante*, 306-A. p. 29.)

2. Há, a seguir, pares de palavras. Reescreva, acentuando adequadamente, apenas as oxítonas que devem ser acentuadas.

a) nuvem — alguem ______________

b) cafe — leve ______________

c) jovens — armazens ______________

d) soco — cipo ______________

e) item — refem ______________

f) malas — atras ______________

g) assembleia — aneis ______________

h) mantem — mantem ______________

i) fuba — lata ______________

j) terapeuta — reu ______________

3. Dê o plural das palavras:

a) caracol ______________

b) anzol ______________

c) anel ______________

d) farol ______________

e) lençol ______________

f) aluguel ______________

Leia a tira a seguir, de Caco Galhardo, e responda às questões 4 a 6.

© Caco Galhardo/Acervo do cartunista

(Disponível em: https://www1.folha.uol.com.br/ilustrada/cartum/cartunsdiarios/#26/6/2019. Acesso em: 13/10/2022.)

4. Na tira, o acento gráfico dos monossílabos foi propositalmente eliminado. Reescreva essas palavras, acentuando-as adequadamente.

____

5. Um dos monossílabos acentuados na questão anterior é uma redução de outra palavra, forma bastante usada em situações informais.

a) Qual é a palavra reduzida? ______________________________

b) De que palavra ela se origina? ______________________________

6. Lili é a personagem principal da série "Lili, a ex", criada por Caco Galhardo, uma mulher obcecada pelo ex-marido.

a) Considerando o que Lili diz no 1º quadrinho, qual seria o sentido da pergunta que faz a Reginaldo no 2º quadrinho?

____

____

b) O humor da tira decorre de uma contradição demonstrada por Lili, que aparece no 3º quadrinho. Explique essa contradição.

____

____

____

7. Reescreva as frases a seguir, passando para o plural as palavras em destaque e fazendo as adaptações necessárias, de acordo com as regras da norma-padrão.

a) O **aluno** vem para a escola de ônibus.

____

b) Não toque nessa **garrafa**: ela contém veneno.

c) Nosso **professor** mantém a disciplina porque é calmo e afável com os alunos.

DIVIRTA-SE

· CAPÍTULO ·

8 O pronome

Construindo o conceito

Leia este poema de José Paulo Paes:

Descartes e o computador

Você pensa que pensa
ou sou eu quem pensa
que você pensa?

Você pensa o que eu penso
ou eu é que penso
o que você pensa?

Bem vamos deixar a questão em suspenso
enquanto você pensa se já pensa
e eu penso se ainda penso

(*Poesia Completa*. São Paulo: Companhia das Letras, 2020. p. 478.)

Filipe Rocha/Acervo da editora

1. O poema estabelece um diálogo com a famosa frase do filósofo René Descartes: "Penso, logo existo". Nesse texto, o eu lírico fala com um interlocutor.

a) Que palavra o eu lírico utiliza para se dirigir ao interlocutor?

____

b) Que palavra ele utiliza para falar de si mesmo?

____

c) Deduza: Com quem o eu lírico está falando? Justifique sua resposta com base no texto.

____

____

2. Na 1ª estrofe do poema, o eu lírico põe em dúvida uma capacidade atribuída ao interlocutor dele.

a) Que capacidade é essa?

____

____

b) Qual é a dúvida do eu lírico a respeito dessa capacidade?

____

____

____

3. Na 2ª estrofe, o eu lírico apresenta outra dúvida, relacionada com a primeira. Qual é a nova dúvida?

____

____

____

____

____

____

____

4. Na última estrofe, o eu lírico propõe deixar a questão "em suspenso". Explique a oposição entre os dois últimos versos do poema, comentando o papel dos termos **já** e **ainda**.

____

____

____

____

____

____

____

____

Descartes e a frase "Penso, logo existo"

Descartes era um filósofo racionalista que queria chegar ao conhecimento absoluto por meio da razão. Para isso, colocava todas as verdades em dúvida, menos a própria dúvida e, consequentemente, o pensamento que reconhecia como legítimo.

Assim surgiu a máxima *Penso, logo existo*, ou seja, se eu duvido de tudo, meu pensamento existe e, se ele existe, então eu também existo.

› *Retrato de Rene Descartes*, de Frans Hals (óleo sobre tela, de 77,5 cm × 68,5 cm).

Descartes e o pensamento das máquinas

[...]

Em 1637, Descartes alegou que ser capaz de usar a linguagem exibia uma habilidade que separava definitivamente os seres humanos das máquinas. Ele imaginou que um robô muito sofisticado poderia ser projetado para proferir palavras e até mesmo dizer "ai" se você tocasse em um lugar específico. No entanto, Descartes insistiu que uma máquina nunca teria a versatilidade da racionalidade humana.

[...]

(Disponível em: https://filosofianaescola.com/metafisica/teste-de-turing/. Acesso em: 14/10/2022.)

5. O poema retoma uma antiga discussão sobre os limites da tecnologia e a capacidade de máquinas substituírem os seres humanos não apenas em ações mecânicas, mas também em atividades que envolvam a inteligência. Troque ideias com a turma e, depois, responda:

a) Você acredita que as máquinas poderão ter pensamentos autônomos?

b) Na sua opinião, à medida que transfere raciocínios lógicos para as máquinas, o ser humano diminui sua capacidade de pensar?

Conceituando

Ao responder às questões, você notou que o texto faz uso de algumas palavras para se referir a cada um dos interlocutores do poema, mesmo sem chamá-los pelos nomes próprios. Inicialmente, o eu lírico dirige-se ao seu interlocutor chamando-o por **você** e, depois, faz referência a si mesmo empregando a palavra **eu**.

Em toda situação de comunicação, há três elementos fundamentais ou três pessoas do discurso envolvidas: aquele que fala (1ª pessoa), aquele com quem se fala (2ª pessoa) e aquilo/aquele de que(m) se fala (3ª pessoa).

No poema, o eu lírico é a 1ª pessoa do discurso, pois é ele quem fala; o computador é a 2ª pessoa do discurso, pois é a pessoa com quem o eu lírico fala; e o pensamento dos computadores é a 3ª pessoa, pois é o assunto de que se fala.

Para nos referirmos às pessoas do discurso, empregamos palavras como **eu** e **você** e outras como **nós**, **ele**, **estes**, **aquela**, **outro**, etc., chamadas **pronomes**.

> **Pronome** é a palavra que designa pessoas ou coisas, indicando-as. Também pode remeter a palavras, orações e frases expressas anteriormente. Na frase, substitui ou acompanha o núcleo de uma expressão, geralmente constituído por um substantivo.

Quando os pronomes são empregados no lugar de substantivos, dizemos que são **pronomes substantivos**; quando acompanham um substantivo, são **pronomes adjetivos**. Veja:

- Mostraram dois computadores: um que era mais barato e o **outro**, que era mais moderno e mais caro.
- **Este** computador é simples; já **esta** máquina é bem mais sofisticada.

Na primeira frase, a palavra **outro** substitui o substantivo **computador**, por isso é um pronome substantivo. Na segunda frase, as palavras **este** e **esta** acompanham substantivos, por isso são pronomes adjetivos.

Exercícios

1. A fim de evitar a repetição das palavras destacadas, substitua-as por pronomes, utilizando seu conhecimento como falante da língua portuguesa para manter o sentido das frases.

a) **Pedro** foi convidado a jogar na seleção, pois **Pedro** é um ótimo jogador.

____

b) Os **avós e seus netos** passaram todo o domingo juntos, pois **os avós e seus netos** não se viam havia quase um ano.

c) Todos têm discutido muito a **questão ambiental**, pois, depois de tantos incidentes relacionados a seca, enchentes e furacões, a **questão ambiental** ganhou enorme relevância.

Leia, a seguir, um pensamento do Menino Maluquinho, personagem de Ziraldo, e responda às questões 2 a 4.

Toda topada joga a gente pra frente.

É o que os adultos chamam de experiência.

Quer dizer: antes, a gente faz o teste, depois é que aprende a lição.

(*Menino Maluquinho — O livro do sim*. São Paulo: Melhoramentos, 2009. p. 40.)

© Ziraldo Alves Pinto/Acervo do cartunista

2. Em relação à primeira frase do texto, responda:

a) Qual é o sentido da palavra **topada**?

b) E qual é o sentido, no contexto, da expressão **joga a gente pra frente**?

3. A imagem mostra o Menino Maluquinho e Julieta, sua namoradinha. Interprete: Que relação tem a imagem com o enunciado verbal?

4. A expressão **a gente** vem sendo empregada no português brasileiro em lugar do pronome pessoal **nós**. Reescreva o texto acima, substituindo a expressão **a gente** pelo pronome pessoal **nós** ou por sua forma átona **nos**. Adapte o que for necessário.

Você sabia que Ziraldo, o criador do personagem Menino Maluquinho, além de fazer quadrinhos e escrever livros, é um bom contador de anedotas? Leia esta anedota de Ziraldo:

Um amigo perguntou pro outro:

— Vamos ver quem come mais frutas no pomar?

— Vamos.

E os dois saíram correndo, cada um subiu numa árvore e começaram a comer.

O primeiro começou a contar:

— Uma, duas, três... vinte e oito...

Quando ele chegou lá pelo cem, o outro disse:

— Uma!

E ele continuou:

— Cento e dez... cento e vinte e sete...

E o outro:

— Duas!

Lá pelo quinhentos e trinta, ele já não aguentava mais nem falar, e o outro:

— Quatro!

— O que há, rapaz? Tu não saíste da quarta?

— O que você está comendo?

— Jabuticabas. E você?

— Ai, meu Deus, subi no pé da jaca!

(*As anedotinhas do Bichinho da Maçã*. São Paulo: Melhoramentos, 2006. p. 40.)

Jean Galvão/Acervo da editora

5. Textos cômicos, como as anedotas e algumas histórias em quadrinhos, geralmente ocultam uma informação que só é revelada no final deles, momento culminante para a construção do efeito de humor. Qual é a informação omitida na anedota lida?

6. Observe que a anedota envolve dois personagens e um narrador.

a) De que forma o narrador se refere aos personagens no início da anedota?

b) E neste trecho: "Quando ele chegou lá pelo cem, o outro disse"?

7. Observe estes trechos da anedota:

"Lá pelo quinhentos e trinta, ele já não aguentava mais nem falar, e o outro:"
"— [...] Tu não saíste da quarta?
— O que você está comendo?"

a) A quem se refere a palavra **ele** na fala do narrador?

b) Qual palavra o rapaz que estava comendo jabuticabas usa para se referir ao amigo?

c) E qual palavra o rapaz que estava comendo jaca usa para se referir ao amigo?

8. Na penúltima fala da anedota, o rapaz que estava comendo jabuticabas empregou outra palavra para se referir ao amigo. Qual é ela?

9. Releia estes dois trechos da anedota:

I. "— Vamos ver quem come mais frutas no pomar?
— Vamos."

II. "— O que você está comendo?
— Jabuticabas. E você?"

a) A quem se refere a palavra **vamos** no trecho I? Que palavra, subentendida, poderia acompanhar a palavra **vamos**?

b) Na fala de um dos personagens no trecho II, há uma expressão subentendida que acompanha a palavra **jabuticabas**. Que expressão é essa?

c) Nessa expressão, que palavra se referiria ao próprio autor da frase?

Classificação dos pronomes

Existem seis grupos de pronomes: os pessoais, os possessivos, os demonstrativos, os indefinidos, os interrogativos e os relativos. Neste capítulo, trataremos dos pronomes pessoais.

Pronomes pessoais

Como você já viu, toda vez que fazemos uso do discurso verbal há três pessoas envolvidas na situação comunicativa:

- o **locutor** (quem fala), que é a 1ª pessoa do discurso;
- o **locutário** (com quem o locutor fala), que é a 2ª pessoa do discurso;
- o **assunto** (de quem ou de que o locutor fala), que é a 3ª pessoa do discurso.

Para indicar essas três pessoas que participam das situações de comunicação, empregamos os **pronomes pessoais**.

Pronomes pessoais são aqueles que substituem os substantivos e indicam as três pessoas do discurso.

Observe os pronomes neste poema de Ilka Brunhilde Laurito:

Teus olhos são brincalhões
como bolinhas de gude
rolando de luz em luz
até o fundo mais fundo
da fundura dos meus olhos.

Eles se encaixam redondos
no aro das minhas órbitas.
E como eu vejo melhor
quando acendo esse farol
dos teus olhos nos meus olhos!

(*Brincando de amor*. São Paulo: Moderna, 2003. p. 17.)

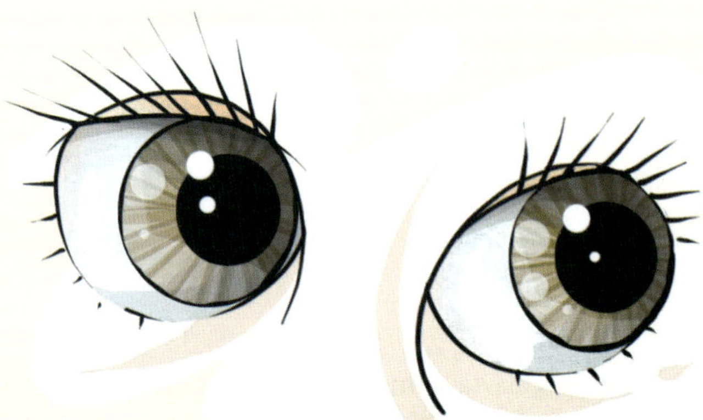

Biry Sarkis/Acervo da editora

Note que, no poema, a 1ª pessoa, ou seja, quem fala, é o **eu** lírico ("**eu** vejo melhor"); a 2ª pessoa, com quem o eu lírico fala, é **tu**, sugerido pela palavra **teu** ("**Teus** olhos são brincalhões"); e a 3ª pessoa, de que o eu lírico fala, são os **olhos** da pessoa amada. Observe:

"**Teus olhos** são brincalhões"
eles (3ª pessoa)

"**Eles** se encaixam redondos"
(3ª pessoa)

Por referir-se ao assunto, **eles** é um pronome pessoal de 3ª pessoa.

Os pronomes pessoais tradicionalmente são organizados em pessoas gramaticais, de acordo com as três pessoas do discurso.

Os pronomes pessoais retos são aqueles que desempenham a função de sujeito da oração; os oblíquos assumem outras funções, geralmente de complementos verbais. Veja o quadro abaixo.

PRONOMES PESSOAIS		
	Retos	**Oblíquos**
1ª pessoa do singular	eu	me, mim, comigo
2ª pessoa do singular	tu	te, ti, contigo
3ª pessoa do singular	ele(a)	o, a, lhe, se, si, consigo
1ª pessoa do plural	nós	nos, conosco
2ª pessoa do plural	vós	vos, convosco
3ª pessoa do plural	eles(as)	os, as, lhes, se, si, consigo

CONTRAPONTO

Atualmente, alguns especialistas defendem a inclusão de **você**, **vocês** e da expressão **a gente** entre os pronomes pessoais, pelo fato de essas palavras serem utilizadas cada vez mais no lugar de **tu**, **vós** e **nós**, respectivamente.

No passado, o pronome pessoal **vós**, por exemplo, era empregado com maior frequência do que hoje e servia para alguém se dirigir de modo cerimonioso tanto a uma única pessoa quanto a um conjunto de pessoas. Atualmente, no Brasil, o uso desse pronome está quase extinto e se restringe a situações e textos muito formais, como os jurídicos, bíblicos e políticos. No lugar dele, emprega-se o pronome de tratamento **você** ou **vocês**.

Vós sabeis como sinto **vossa** falta.

Vocês sabem como sinto **sua** falta.

Nas últimas três décadas, o uso do pronome **tu** também entrou em declínio por influência da televisão, em cuja programação se usa preferencialmente a forma **você**.

Tu sabes como sinto **tua** falta.

Você sabe como sinto **sua** falta.

Na sua opinião, os pronomes **tu** e **vós** vão desaparecer mesmo? Você também acha que a palavra **você** e a expressão **a gente** deveriam figurar entre os pronomes pessoais?

Pronomes de tratamento

Muito do sucesso da comunicação que estabelecemos com outras pessoas depende da forma como nos dirigimos a elas. Conforme as características do nosso interlocutor — idade, situação social, nível cultural, posição hierárquica (no trabalho, por exemplo) — e o grau de amizade ou de intimidade que temos com ele, podemos tratá-lo de uma maneira menos ou mais cerimoniosa.

Além dos pronomes pessoais **tu** e **vós**, existem na língua outras palavras e expressões, chamadas **pronomes de tratamento**, por meio das quais podemos nos dirigir ao nosso interlocutor. São elas: **você**, **senhor**, **senhora**, **Vossa Senhoria**, **Vossa Excelência**, entre outras.

Vossa santidade ou sua santidade?

O tratamento **Vossa Santidade** é empregado quando alguém se dirige diretamente ao papa. Quando, entretanto, falamos dele para outra pessoa, devemos empregar **Sua Santidade**.

O mesmo princípio vale para outros pronomes de tratamento, como **Vossa Excelência** e **Vossa Majestade**.

Observe os exemplos abaixo.

Apesar de serem empregados para designar o nosso interlocutor (a 2ª pessoa da situação de comunicação), os pronomes de tratamento são, gramaticalmente, pronomes de 3ª pessoa, e não de 2ª pessoa. Veja:

- **Você se** dirigiu à pessoa errada. (3ª pessoa do singular)
- **Tu te** dirigiste à pessoa errada. (2ª pessoa do singular)

Veja, no quadro a seguir, o pronome de tratamento mais adequado a cada tipo de interlocutor. Consulte-o quando necessário.

PRONOMES DE TRATAMENTO

Pronome	Abreviatura	Interlocutores
você	V.	pessoas com quem temos intimidade
Vossa Alteza	V. A.	príncipes (princesas), duques (duquesas)
Vossa Excelência	V. Exª	altas autoridades do governo e das Forças Armadas
Vossa Majestade	V. M.	reis (rainhas), imperadores (imperatrizes)
Vossa Santidade	V. S.	papas
Vossa Magnificência	V. Mª	reitores de universidades
Vossa Senhoria	V. Sª	autoridades em geral: diretores (diretoras) e pessoas a quem se quer tratar com distanciamento e respeito
senhor, senhora	sr., sra.	geralmente pessoas mais velhas que nós ou a quem queremos tratar com distanciamento e respeito; a forma **senhorita**, que já está caindo em desuso, é empregada para moças solteiras

Exercícios

Leia esta tira:

(Alexandre Beck. *Armandinho dez*. Florianópolis: A. C. Beck, 2018. p. 28.)

1. Armandinho conversa com seu pai sobre a escola. Observe as respostas que o menino dá ao pai e deduza: Qual deve ter sido o tema da aula daquele dia?

---

2. Na tira, Armandinho usa três pronomes de tratamento.

a) Considerando a relação do menino com o pai, os pronomes foram empregados adequadamente? Justifique sua resposta.

---

b) Troque ideias com os colegas e o professor: Em quais situações Armandinho deveria empregar esses pronomes? Em seguida, conclua: Como se constrói o humor da tira?

---

3. Observe, nos dois primeiros quadrinhos, os adjetivos que Armandinho utiliza para caracterizar a aula.

a) Que relação esses adjetivos têm com os pronomes de tratamento?

---

b) Essa relação também acontece no último quadrinho?

---

4. Suponha que Armandinho fizesse mais comentários sobre a aula e empregasse outros pronomes de tratamento, como "Vossa Alteza", "Vossa Senhoria" e "Vossa Santidade". Como seria esse diálogo?

5. Leia a anedota a seguir e identifique todos os pronomes pessoais (retos, oblíquos e de tratamento).

O Junim é muito comilão. Um dia ele chegou na cozinha, pela vigésima vez, e disse pra cozinheira:

— Me dá mais um pastel.

E a cozinheira:

— Se você comer mais um pastel, vai explodir.

E ele:

— Então me dá o pastel e sai de perto!

(Ziraldo. *O livro do riso do Menino Maluquinho*. São Paulo: Melhoramentos, 2000. p. 102.)

6. Compare estes enunciados.

I. — Vim te chamar, mas a gripe te pegou.

II. — Vim te chamar, mas a gripe pegou você.

III. — Vim chamar você, mas a gripe pegou você.

IV. — Vim chamar você, mas a gripe te pegou.

V. — Vim chamá-la, mas a gripe a pegou.

VI. — Vim chamá-la, mas a gripe pegou-a.

Em alguns Estados brasileiros, os falantes dirigem-se ao interlocutor empregando o pronome **tu**; em outros, o pronome **você**. Há ainda situações variadas nas quais ambas as formas coexistem em uma mesma frase.

Tu ou você?

Tanto faz. As duas formas são válidas. Embora muitas pessoas atualmente empreguem **você** para se dirigir ao interlocutor, em algumas cidades e Estados brasileiros predomina o emprego do pronome reto **tu**. Também é comum o uso de **você** associado a formas de 2ª pessoa, como na frase "Não te convidei porque **você** não poderia ir". Essa construção, muito comum no uso cotidiano da língua portuguesa no Brasil, tem, segundo as regras da gramática normativa, esta correspondência: "Não te convidei porque tu não poderias ir" ou "Não o convidei porque você não poderia ir".

a) Separe as frases em três grupos: as que utilizam apenas formas de 2ª pessoa; as que utilizam apenas formas de 3ª pessoa; e as que mesclam ambas as formas.

b) Qual é a preferência em seu Estado ou em sua cidade?

c) Quais deles soam mais formais?

O pronome NA CONSTRUÇÃO DO TEXTO

Leia estes quadrinhos do cartunista argentino Nik:

egocêntrico: pessoa que cultua o próprio eu.

(*Gaturro 24*. Buenos Aires: Ediciones de la Flor, 2015. p. 44. Tradução dos autores.)

1. Nos cinco primeiros quadrinhos, há dois balões de fala: um é de Gaturro, que sempre diz uma palavra; o outro é de uma ou mais pessoas não identificadas.

a) Que tipo de palavra Gaturro diz, em cada quadrinho?

b) Levante hipóteses: Quem pode ser o autor do outro balão, em cada um dos quadrinhos?

c) Que tipo de comentário a pessoa não identificada faz?

Para que servem os pronomes?

Enquanto os nomes têm relação direta com os seres do mundo exterior, os pronomes têm um papel decisivo no **interior da própria língua**. São eles que substituem, acompanham e retomam os nomes, expressam formas sociais de tratar o interlocutor e marcam posição em relação às pessoas do discurso.

Os pronomes também são fundamentais para que um texto não seja um punhado de frases soltas, contribuindo para estabelecer coerência e coesão entre elas.

2. As palavras que Gaturro diz revelam as três pessoas do discurso.

a) Quais dessas palavras evidenciam a 1ª pessoa do discurso?

b) Que comentários a pessoa não identificada faz a propósito do locutor quando ele as pronuncia? Explique por quê.

3. Sobre as demais falas de Gaturro, responda:

a) Quais das palavras ditas pelo personagem evidenciam a 2ª pessoa do discurso? Que comentários a pessoa não identificada faz a propósito delas? Explique por quê.

b) Quais das palavras ditas por Gaturro evidenciam a 3ª pessoa do discurso? Que comentários a pessoa não identificada faz a propósito delas? Explique por quê.

4. O balão de fala de Gaturro e o da pessoa não identificada estão sempre no mesmo quadrinho, com exceção dos quadrinhos 6 e 7.

a) Levante hipóteses: Que efeito de sentido o quadrinista busca ao separar os dois quadrinhos?

b) O que sugere a expressão de Gaturro no penúltimo quadrinho?

c) Que sentido têm, no contexto, os dois pontos de exclamação que acompanham a palavra **dedo-duro**?

5. A expressão **dedo-duro** tem origem, em nossa língua, no gesto de apontar e acusar alguém com o dedo indicador.

a) No texto, o emprego da expressão coincide com a imagem?

b) Que efeito esse dado provoca no processo de leitura do texto?

6. Considerando que os pronomes são palavras que situam as pessoas no discurso, marque as afirmativas corretas sobre o texto lido:

- [ ] O texto lido reúne, por meio dos pronomes pessoais do caso reto, as três pessoas essenciais do discurso: a pessoa que fala, a(s) pessoa(s) com quem se fala e a(s) pessoa(s) de quem se fala.
- [ ] Os pronomes pessoais do caso reto empregados nos quadrinhos são todos os existentes em português para representar as seis pessoas do discurso, sem possibilidade de haver outros pronomes em papel semelhante.
- [ ] Os quadrinhos mostram que, toda vez que produzimos um discurso, ele provoca, como resposta, a produção de novos discursos de nossos interlocutores.
- [ ] O autor dos quadrinhos extrai humor da oposição entre o discurso que produzimos e o discurso alheio, que, por vezes, julga e deprecia o que quer que digamos.
- [ ] A oposição entre o discurso de Gaturro e os discursos alheios é apenas um meio de construir humor, pois, na vida real, essa discrepância entre o que dizemos e o que as pessoas dizem a nosso respeito não existe.

SEMÂNTICA E DISCURSO

Leia esta tira de Fernando Gonsales e responda às questões 1 a 3.

(*Níquel Náusea — Com mil demônios!!*. São Paulo: Devir, 2002. p. 17.)

1. O ratinho faz, em versos, uma declaração de amor à ratinha.

a) O que ela estranha na declaração?

b) Com que finalidades o ratinho empregou as formas de tratamento **você** e **tu** no aumentativo?

2. Em algumas circunstâncias, o aumentativo pode destacar as qualidades de uma pessoa.

a) Dê um exemplo.

b) Por que isso não ocorre com os pronomes **você** e **tu**?

O pronome e os gêneros

Em qualquer gênero é possível encontrar pronomes de diferentes tipos. Isso porque, além de remeter às três pessoas básicas do discurso (quem fala, com quem se fala e de quem se fala), o pronome pode substituir palavras, retomar ideias e partes de um texto, sendo um dos responsáveis pela coesão e pela progressão textual.

3. No último quadrinho, na frase "É o novo Drumond", a ratinha faz referência ao poeta Carlos Drummond de Andrade. Leia o boxe ao lado e responda: Ela está sendo irônica com o ratinho? Por quê?

A ironia e o jogo do contrário

A ironia é um recurso de linguagem que consiste em dizer algo querendo dizer o oposto. Por exemplo, o pai, ao ver uma nota vermelha de Matemática no boletim do filho, diz a ele: "Como você foi bem em Matemática neste bimestre!".

4. Segundo alguns especialistas, a expressão **a gente** pode assumir a função de substantivo quando tem o sentido de "povo", "grupo de pessoas", e a função de pronome pessoal quando equivale a "eu" ou a "nós". Leia e compare estas frases:

- Quando vi **a gente** dos mais distantes bairros se reunindo na praça, percebi que as coisas iam mudar naquela cidade.
- **A gente** acha melhor vocês irem em outro carro, porque o nosso está cheio.
- Eu já estou cansado de lutar sozinho. **A gente** levanta cedo, trabalha o dia inteiro e ninguém reconhece o que eu faço.
- O português que **a gente** da roça fala é diferente do português de outras regiões do país.

a) Em quais dessas frases a expressão **a gente** pode ter o valor de substantivo?

b) Em quais delas a expressão tem valor de pronome? Nessas frases, a expressão tem sentido equivalente ao pronome **eu** ou ao pronome **nós**?

5. Tanto em Portugal como no Brasil, a expressão "a gente" vem sendo empregada na linguagem cotidiana. Assim, nos dois países é possível ouvir uma pessoa dizer algo como:

A gente decidimos não participar do campeonato.

SeanPavonePhoto/Getty Images

› Castelo de São Jorge, no alto da cidade de Lisboa, Portugal, em 2014.

a) Nesse caso, a concordância do verbo com a expressão **a gente** é gramatical ou é ideológica (isto é, a concordância se faz considerando a ideia)?

b) No Brasil, essa construção também é falada e ouvida com naturalidade por qualquer grupo de pessoas, incluindo os falantes das variedades urbanas de prestígio, ou há preconceito em relação a ela?

c) Quais são as formas registradas pela gramática normativa, em situações menos e mais formais, para expressar essa mesma frase?

6. O escritor gaúcho Moacyr Scliar escreveu um artigo em que comenta a influência da televisão sobre nosso idioma. Leia um trecho desse texto:

> Mas então surgem as redes de TV, e o Brasil, de sul a norte e de leste a oeste, começa a ouvir um idioma único. O resultado é a homogeneização, que chega a todo o país e põe em xeque as nuances regionais.
>
> No Rio Grande do Sul o "tu" começa a dar lugar ao "você", primeiro nos programas de rádio e TV, logo na conversa informal. O "tu" ainda permanece nos lares e nos bares, mas quem sabe por quanto tempo?
>
> (Idioma e identidade. *Língua Portuguesa*, n. 1, p. 66.)

Além de **tu**, outros pronomes, como **vós**, **contigo**, **conosco**, **convosco**, estão quase desaparecendo do uso dos falantes.

a) Que outras formas podem ser utilizadas no lugar desses pronomes, em conformidade com a norma-padrão?

b) Na sua opinião, o desaparecimento desses pronomes empobrece a nossa língua? Por quê?

Leia esta tira de Laerte e responda às questões de 7 a 9.

(*Folha de S.Paulo*, 16/3/2013.)

7. Um súdito do rei leva até ele um rato. Qual é a acusação que ele faz contra o animal?

8. Observe que o súdito se dirige ao rei fazendo uso da 2ª pessoa do plural (vós), que é pouco usada nos dias de hoje.

a) De que forma sabemos que é esse o tratamento dado ao rei?

b) O que justifica o uso dessa pessoa do discurso na tira, considerando seu pouco uso nos dias de hoje?

9. Suponha que o súdito tivesse intimidade com o rei e o chamasse de **você** ou de **senhor**. Reescreva a fala do súdito, passando-a para essa pessoa e fazendo as adaptações necessárias.

10. Transforme duas frases em uma, conforme o exemplo:

- Carlos me emprestou um livro de poemas até sábado. Eu vou ler o livro de poemas.
- Carlos me emprestou um livro de poemas para eu ler até sábado.

Empregue sempre a preposição **para** e o pronome reto **eu**, evitando repetições de palavras.

a) Mamãe comprou ovos e farinha. Vou fazer um bolo hoje.

b) Minha mãe me deu dinheiro. Ela quer que eu corte o cabelo.

c) Meu irmão veio me convidar. Ele quer sair comigo.

d) Dê-me seu lápis. Eu vou rascunhar um desenho.

"Para eu" ou "Para mim"?

É cada vez mais comum, nos usos cotidianos do português brasileiro, o emprego da forma pronominal **mim** como sujeito. Entretanto, a gramática normativa recomenda o emprego do pronome reto **eu** em expressões como **para eu fazer**, pois considera que pronomes oblíquos, como **mim**, devem exercer apenas a função de complemento.

Assim, em situações nas quais o uso da norma-padrão é desejável, deve-se priorizar o uso de **eu**, e não de **mim**, em frases como: "Você trouxe os ingredientes para eu fazer o bolo?".

Quando, contudo, **mim** tem valor de complemento e a expressão está deslocada, a expressão **para mim** antes de verbo no infinitivo também é admitida pela gramática normativa. Veja:

Não é fácil, para mim, ficar calado.

Essa afirmação equivale a:

Ficar calado não é fácil para mim.

Nesses casos de inversão, a gramática normativa recomenda ainda que a expressão **para mim** fique entre vírgulas.

VOSSA MERCÊ > VOSMECÊ > VANCÊ

O pronome **você** se originou de **Vossa Mercê**, hoje em desuso. Porém, antes de chegar a essa forma simplificada, passou por **vosmecê**, forma que ainda pode ser encontrada em algumas regiões do país. Observe nos versos a seguir, da canção "Estrada do sertão", de João Pernambuco e Hermínio de Carvalho, a presença de quatro formas de tratamento: **tu**, **vosmecê**, **ocê** e **você**.

Pousa aqui meu colibri
Vê se tu tem pena d'eu
Quero ser teu bacuri
Quero ser de vosmecê

Quando ocê desfeiteia
Me despreza
Mais me arrasto pra você.

PARA FALAR E ESCREVER COM adequação

A colocação pronominal

Leia esta tira de Laerte:

© Laerte/Acervo da cartunista

(*Folha de S.Paulo*, 28/12/2017.)

1. A tirinha apresenta um personagem que está prestes a ser decapitado.

a) Seu algoz lhe dá uma condição que, se atendida, o livrará da morte. Qual é ela?

b) Por que não há falas no 2º e no 3º quadrinhos?

c) Imagine qual foi o raciocínio do condenado para chegar à resposta dada. Por que ele disse "Me decapita logo"?

2. O humor da tira é construído pela fala do algoz no último quadrinho.

a) A fala está entre aspas. Por quê?

b) Por que a fala do algoz surpreende?

c) Explique por que, sob o ponto de vista da construção gramatical no português brasileiro, a frase do algoz dificilmente teria sido dita.

3. Na sua opinião, o algoz vai matar o condenado? Por quê?

4. Observe o emprego do pronome oblíquo pessoal nestas duas falas:

- Me decapita logo.
- Decapite-me logo.

a) Qual dos dois tipos de colocação é mais utilizado por você?

b) Você acha que ambas as falas podem ser consideradas corretas, mesmo em situações formais de uso da língua?

Os pronomes pessoais oblíquos átonos **me**, **te**, **se**, **o(s)**, **a(s)**, **nos** e **vos** ocupam, na frase, diferentes posições em relação aos verbos aos quais se ligam. Eles podem vir **antes**, **no meio** ou **depois** do verbo. Veja:

- Traga-**me** o machado. (ênclise)
- O algoz não **se** comovia. (próclise)
- Suplicar-**lhe**-ei pela minha vida. (mesóclise)

Atualmente, no Brasil — principalmente na fala, mas também em alguns textos escritos, sobretudo quando se pretende reproduzir a fala ou quando se deseja uma linguagem mais descontraída — a próclise (colocação do pronome antes do verbo) é a forma mais utilizada na maioria das situações de colocação dos pronomes oblíquos átonos. Isso porque, em geral, é mais familiar ao falante do português brasileiro, como ocorre na tirinha lida, a frase "**Me** decapita logo" em comparação a "Decapite-**me** logo" e, por isso, soa mais natural para nós, brasileiros, dizer "**Me** traz um café", "**Me** passa o sal!".

De acordo com a norma-padrão, há algumas regras que orientam a colocação do pronome oblíquo átono em português.

Em "o algoz não **se** comovia", a colocação do pronome antes do verbo deixa a frase familiar para a maioria dos brasileiros. Nesse caso, a norma-padrão também considera que deve haver próclise, uma vez que a palavra **não** exerce atração sobre o pronome **se**. Assim como o **não**, há outras palavras que atraem o pronome oblíquo átono, entre elas as palavras negativas em geral (**ninguém**, **nada**, **nunca**, etc.), além de outras, como **que**, **quando** ou **quem**.

© Laerte/Acervo da cartunista

Outra regra de colocação do pronome oblíquo átono, segundo a norma-padrão, é não iniciar frases com esse tipo de pronome. De acordo com essa regra, deve-se usar: "Traga-**me** o café na cama", "Passem-**me** o sal!".

Da mesma forma, a colocação do pronome no meio do verbo, chamada mesóclise, soa estranha à maioria dos falantes do português brasileiro e está também caindo em desuso no Brasil.

Exercícios

1. Considerando sua experiência como falante brasileiro da língua portuguesa, coloque o pronome da forma como soa mais familiar a você nas frases a seguir.

a) Ele nunca ___________ falou ___________ sobre esse assunto. (me)

b) Quando ___________ viu ___________, veio correndo de braços abertos. (nos)

c) Ninguém ___________ convidou ___________ para a festa junina da escola. (nos)

d) Elas nada ___________ contaram ___________ sobre isso. (lhe)

e) Mãe, amanhã é sábado. Por favor, não ___________ acorde ___________ cedo. (me)

f) Quem ___________ chamou ___________? (me)

g) O rapaz que ___________ atendeu ___________ foi muito educado e gentil. (nos)

2. Em todas as frases da questão 1, há palavras que atraem o pronome, levando à ocorrência de próclise, isto é, à colocação do pronome oblíquo antes da forma verbal.

a) Em alguma delas, você optou pela colocação do pronome após o verbo? Justifique sua resposta.

b) Identifique, em cada uma das frases da questão anterior, a palavra que, segundo as regras da norma-padrão, atrai o pronome oblíquo para antes da forma verbal.

Leia a tira a seguir, de Caco Galhardo, e responda às questões 3 e 4.

(*Folha de S.Paulo*, 30/5/2019.)

3. O humor da tira está na resposta inesperada dada por Lili no 3º quadrinho. Por que a resposta surpreende?

4. Observe o emprego do pronome oblíquo na tira.

a) Quantas ocorrências do pronome oblíquo há nela? Identifique-as.

b) As ocorrências apontadas por você no item **a** estão de acordo com as regras da norma-padrão? Justifique sua resposta.

5. Leia estas frases, todas de acordo com a norma-padrão:

- Deus te acompanhe, meu filho!
- Bons ventos o tragam!
- Deus o leve a salvo nesta viagem!
- Deus lhe pague, senhora!
- Deus te crie!

a) O que as frases exprimem?

☐ emoção ☐ desejo ☐ sabedoria ☐ atenção

b) Em que posição, em relação ao verbo, o pronome está colocado em todas elas?

____

6. Na tira abaixo, de Laerte, os personagens pretendem mudar de função. Leia-a.

© Laerte/Acervo da cartunista

(*Classificados — Livro 3*. São Paulo: Devir, 2014. p. 10.)

a) Observe o último quadrinho da tira. Que função os personagens desempenham?

____

____

b) Pelo tipo físico de cada um, eles poderiam trocar de função? Por quê?

____

____

____

c) Considerando a norma-padrão, a colocação do pronome **me** na frase "Também não me aceitam no teu..." está adequada? Por quê?

____

____

DE OLHO NA escrita

Acentuação (II)

Leia este texto:

Eram os deuses marajoaras?

Urnas funerárias, cacos de vasos de cerâmica e bonecos de barro são os principais vestígios da presença na ilha de Marajó de uma civilização que utilizava a arte como forma de expressão de seus hábitos e crenças. Sua arte foi batizada de cerâmica marajoara e, segundo arqueólogos, esses povos teriam imigrado do Noroeste da América do Sul por volta do ano 400. Antes deles, 3 outras tribos passaram por Marajó, mas sem deixar obras significativas.

O desaparecimento dos marajoaras ocorreu por volta de 1350 e pode ser explicado por uma decadência gradual do grupo, que não teria conseguido se adaptar às condições climáticas do local, muito diferentes das de seu sítio de origem.

(Marcelo Duarte. *O guia dos curiosos*. São Paulo: Panda Books, 2011. p. 250.)

Cultural Archive/Alamy/Fotoarena/Museu Americano de História Natural, Nova York, EUA.

› Urna Burian da cultura Marajoara, 1000-1250 d.C.

1. Observe a fonte do texto, isto é, a obra da qual ele foi extraído. Com base no texto e nessa informação, responda: O texto lido é:

a) uma notícia de jornal.

b) um verbete de dicionário.

c) um verbete de curiosidade.

d) um artigo de opinião.

2. A finalidade principal do texto é explicar:

a) as razões do desaparecimento da arte marajoara.

b) as razões do desaparecimento da civilização marajoara.

c) as origens da arte marajoara.

d) como se caracteriza a arte marajoara.

3. Observe o seguinte grupo de palavras empregadas no texto:

urnas	funerárias	cacos	cerâmica	vestígios
vasos	Marajó	hábitos	arqueólogos	América
decadência	climáticas	sítio	grupo	

a) Qual dessas palavras é oxítona? O que justifica o acento gráfico dessa palavra?

b) Quais palavras do grupo são proparoxítonas? Quais delas receberam acento gráfico?

4. Observe, agora, as palavras paroxítonas desse grupo.

a) Quais são elas? Escreva-as.

b) Entre as palavras paroxítonas, perceba que nem todas foram acentuadas. Compare as palavras que receberam o acento gráfico e observe a terminação delas. O que elas têm em comum?

Acentuação das paroxítonas

Ao responder às questões anteriores, você observou que algumas palavras paroxítonas são acentuadas e outras não. Veja por quê:

São acentuadas as palavras paroxítonas terminadas em -l, -n, -r, -x, -i, -is, -us, -ã, -ãs,-ão, -ãos, -um, -uns, -ps e ditongo.

Eis alguns exemplos:

-l, **-n**, **-r**, **-x**: amigável, glúten, flúor, ônix

-i, **-is**: táxi, cútis

-us: húmus

-ã, **-ãs**: órfã, ímãs

-ão, **-ãos**: sótão, órfãos

-um, **-uns**: médium, fóruns

-ps: bíceps

ditongo: funerária, vestígio, tábua, jóquei, planície

Acentuação das proparoxítonas

Ao responder às questões anteriores, você observou também que as palavras proparoxítonas **cerâmica**, **hábitos**, **arqueólogos**, **América** e **climáticas** receberam acento gráfico. Veja por quê:

Todas as palavras proparoxítonas são acentuadas.

Exercícios

1. Você já teve a impressão de que seu animal de estimação às vezes está sonhando? Será que isso é possível? Leia o que os cientistas dizem a respeito. Depois, acentue corretamente as palavras que devem ser acentuadas.

Os bichos sonham?

Ainda não existe uma maquina ou qualquer tecnologia capaz de ler exatamente o que se passa na mente de um ser vivo. Por esse motivo, ainda e um grande desafio para a ciencia tentar responder questões relacionadas a sentimentos, pensamentos e ate mesmo ao sono dos bichos. Nestes casos, é preciso observar seus comportamentos em busca de pistas. É assim que sabemos, por exemplo, que a maioria dos animais dorme, incluindo invertebrados como artropodes, vermes e aguas-vivas. Mas sera que a bicharada também sonha?

Para responder a isso precisamos entender primeiro que o periodo de sono se divide em diferentes fases, e que, aparentemente, os sonhos ocorrem apenas em uma fase especifica, chamada de sono REM. Nesta fase, a musculatura do corpo relaxa, ocorrendo contrações breves e involuntarias dos membros (espasmos) e rapidos movimentos dos olhos — em ingles, dizemos *rapid eye moviments*, daí a sigla REM.

FamVeld/Shutterstock

Ao monitorar a atividade cerebral de pessoas e outros animais durante o sono, com o uso de equipamentos especiais em laboratorio, foi possivel mostrar que o cerebro esta tão ativo na fase REM como quando estamos acordados. Isso, somado aos movimentos dos olhos, sugere que o cerebro esteja imaginando cenas e situações, que é o que chamamos de sonhos visuais.

Dito isto, basta observar um cachorro ou um gato dormindo por algum tempo para notar que, em dados momentos, os espasmos musculares e movimentos oculares (perceptiveis mesmo quando as palpebras estão fechadas) também se tornam mais frequentes. Tudo indica que nestes momentos eles estejam sonhando!

[...]

(Vinícius São Pedro. *Ciência Hoje das Crianças*. Edição 337, outubro de 2022. Disponível em: https://chc.org.br/artigo/os-bichos-sonham/. Acesso em: 17/10/2022.)

2. Você gosta de desvendar charadas? Leia as perguntas a seguir, observando que em algumas palavras falta acentuação. Reescreva essas palavras acentuando-as. Depois, tente responder às charadas.

a) O que é que tem cabeça e não pensa?

____

b) O que é que sente calor humano?

____

c) Qual é a diferença entre a matematica e o lapis?

____

____

____

d) Quais são os tres unicos Estados do Brasil que não tem letras repetidas?

____

____

e) Qual é o cumulo da inteligencia?

____

____

3. No texto a seguir, faltam algumas palavras monossílabas, oxítonas, paroxítonas, proparoxítonas e algumas terminadas em ditongo. O professor vai ditá-las e você deve escrevê-las nas lacunas abaixo. Quando terminar, releia o texto.

Brasil do samba... qui!

Olhando de longe parece um morro comum, mas se _______________ chegar mais perto _______________, misturados à terra, ossos, conchas, pedras e muita _______________ para contar. _______________ um _______________, que leva esse nome de origem tupi, que significa "amontoado de conchas". Na verdade, hoje, os sambaquis são considerados _______________ _______________ — lugares que guardam muito da história do homem e da natureza.

Hoje os sambaquis são sítios arqueológicos estudados pelos pesquisadores para descobrir a riqueza das _______________ de animais que viviam no litoral do Brasil _______________ milhares de anos.

Antes de os portugueses chegarem ao Brasil e ______________ mesmo antes de os ____________________ que eles encontraram em nossas terras habitarem o litoral, vivia ____________________ às praias um povo que hoje conhecemos como sambaquieiros [...]. Eles ganharam esse nome porque construíam os grandes amontoados de conchas e outros materiais que hoje chamamos de sambaquis. ______________ ____________________ enterravam seus mortos, acendiam fogueiras e faziam uma espécie de __________________________ de despedida para os que partiam.

Guardiões da história

Os sambaquis guardam uma parte importante da vida e dos povos que os construíram. Eles incluem, por exemplo, pontas de flechas e outros artefatos, e muitos, muitos restos de comida — por exemplo, carapaças de ____________________ e ouriços-do-mar, espinhas de peixes e ossos de aves e ____________________.

____________________, os ____________________ locais escolhidos para a construção dos sambaquis parecem estar diretamente relacionados à coleta de alimento. Muitos são encontrados perto de enseadas, baías e lagoas, ambientes ____________________ de encontro entre ____________________ doce e salgada, onde ______________ muita quantidade e diversidade de organismos aquáticos. Uma prova de que os sambaquieiros consumiam ____________________ animais marinhos.

Conchas de várias espécies são encontradas em um sambaqui.

Há mais ou menos 100 anos, os cientistas conhecem os sambaquis e os estudam para saber mais sobre a pré-história, especificamente sobre o ____________________ do Holoceno, que compreende os ____________________ 11 mil anos da história da Terra.

Fabio Colombini/Acervo do fotógrafo

Sambaqui Garopaba do Sul, em Jaguaruna, Santa Catarina, em 2021.

Sambaquis brasileiros

Existem centenas de sambaquis no Brasil, principalmente na região costeira que vai desde o ______________ Santo até o Rio Grande do Sul. Os mais antigos têm cerca de 8 mil anos. É tempo à beça!

Recentemente, alguns pesquisadores resolveram usar os sambaquis não só para conhecer a história das pessoas, mas também para saber um pouco mais sobre as espécies animais das quais elas se alimentavam, assim como sobre o meio ambiente de milhares de anos ______________. Uma verdadeira ponte para o passado!

(*Ciência hoje das crianças*. Edição disponível em: https://chc.org.br/brasil-do-samba-qui/. Acesso em: 17/10/2022.)

Leia a anedota a seguir:

Um viajante esperto roda varios hoteis numa cidade do interior e não encontra vagas, ate que resolve usar sua esperteza e pergunta a um gerente de hotel:

— Meu amigo, se o presidente da Republica chegasse aqui agora você arranjaria um quarto para ele?

O gerente:

— Claro que sim!

E o viajante:

— Então pode me dar o quarto do presidente, que eu tenho certeza de que ele não vira aqui hoje.

(Donaldo Buchweitz. *Piadas para você morrer de rir.* Belo Horizonte: Leitura, 2001. p. 176.)

Biry Sarkis/Acervo da editora

4. Para convencer o gerente, o viajante cria uma situação hipotética. Nessa situação há um argumento subentendido. Que argumento é esse?

____

____

____

____

____

5. Na anedota, foram propositalmente eliminados os acentos de cinco palavras: três são oxítonas, uma paroxítona e outra proparoxítona.

a) Identifique-as.

____

b) Justifique por que essas palavras devem ser acentuadas.

____

____

____

____

____

DIVIRTA-SE

Reprodução/NOLP - Nova Ortografia da Língua Portuguesa

(Disponível em: https://m.facebook.com/projetonolp/posts/923845447756512/. Acesso em: 9/1/2023.)

CAPÍTULO 9

O verbo

Construindo o conceito

Leia esta tira de Alexandre Beck:

(Disponível em: https://www.facebook.com/tirasarmandinho/?fref=photo. Acesso em: 12/1/2023.)

1. O personagem Armandinho fala com um adulto e tem nas mãos uma calça e uma bota.

a) Com quem provavelmente ele está falando? Justifique sua resposta.

b) O que o garoto estranha e acha complicado?

2. Observe o emprego das palavras **bota** e **calça** no 1º e no 2º quadrinho.

a) No 1º quadrinho, qual dessas palavras expressa ação? E qual nomeia um objeto?

b) No 2º quadrinho, qual palavra expressa ação? E qual nomeia um objeto?

3. Na tira, além das palavras que você já examinou, há outra palavra que expressa ação. Qual é ela?

Conceituando

Você observou que o humor da tira é construído a partir do sentido e do papel gramatical de duas palavras: **bota** e **calça**. Quando essas palavras nomeiam seres e têm o sentido de calçado e vestimenta, respectivamente, são substantivos. Entretanto, quando expressam ações e têm o sentido de pôr calçado e vestir-se, respectivamente, são chamadas de **verbos**. Além de ações, os verbos também designam estado ou mudança de estado. Observe:

Armandinho **é** inteligente.

Armandinho **está** confuso.

O garoto **ficou** confuso.

O garoto **continua** confuso.

Os verbos podem expressar ainda fenômenos meteorológicos, isto é, indicar tempo (**Era** tarde. / **São** duas horas.), temperatura (**Faz** calor.), mudança de tempo (**Amanheceu** rápido.), etc.

Verbos são palavras que exprimem ação, estado, mudança de estado e fenômenos meteorológicos, sempre em relação a determinado tempo.

Dois ou mais verbos com valor de um formam uma **locução verbal**. Por exemplo: **vou falar**, **deve ficar**, **está conversando**. Observe a correspondência:

Armandinho **calçará** a bota.

Armandinho **vai calçar** a bota.

Exercícios

Leia este poema de Mário Quintana:

Filipe Rocha/Acervo da editora

O gato

O gato chega à porta do quarto onde escrevo.
Entrepara... hesita... avança...

Fita-me
Fitamo-nos.

Olhos nos olhos...
Quase com terror!

Como duas criaturas incomunicáveis e solitárias
Que fossem feitas cada uma por um Deus diferente.

(*Antologia poética*. Porto Alegre: L&PM, 1999. p. 123.)

1. O poema descreve uma cena cotidiana, na qual se destacam dois personagens.

a) Quem são eles?

____

____

____

b) Que fato modifica o estado de cada um dos personagens?

____

2. Na 3ª estrofe, o eu lírico diz "Olhos nos olhos... / Quase com terror!".

a) O que justifica as emoções do eu lírico e do gato nesse momento?

____

____

b) Você acredita que o eu lírico era o tutor do gato? Por quê?

____

____

3. Releia a última estrofe do poema. Explique o sentido desses versos, considerando a situação.

4. O poema apresenta várias formas verbais.

a) Identifique-as.

b) Qual delas é uma locução verbal?

c) O que justifica a presença de tantos verbos no poema?

Filipe Rocha/Acervo da editora

d) Quais dessas formas verbais expressam ações? E qual delas expressam estado?

Conjugações verbais

Todos os verbos da língua portuguesa pertencem a apenas três grandes grupos, ou conjugações:

- **1ª conjugação**: os verbos terminados em **-ar**;
- **2ª conjugação**: os verbos terminados em **-er**;
- **3ª conjugação**: os verbos terminados em **-ir**.

Observação

Todos os verbos terminados em **-or**, como **repor**, **supor**, **antepor**, **depor**, etc., são derivados de **pôr**. No passado, o verbo **pôr** era **poer**, que historicamente perdeu a vogal **e**. Assim, **pôr** e seus derivados pertencem à 2ª conjugação.

Flexão dos verbos

As flexões dos verbos, isto é, as variações que eles apresentam, são indicativas de número, pessoa, modo, tempo e voz. A seguir você vai conhecer algumas delas.

Flexão de número e pessoa

Leia este poema:

Infinito amor

Vamos
brincar
de
amor?
Eu
te
amo,
tu
me
amas...
— Pra
sempre?
— Por
três
semanas!

(Sylvia Orthof. *A poesia é uma pulga*. 17. ed. São Paulo: Atual, 2009. p. 11. © by herdeiros de Sylvia Orthof.)

Biry Sarkis/Acervo da editora

No poema, o verbo **amar** foi conjugado, isto é, foi flexionado em duas pessoas: **eu** e **tu**. As pessoas do verbo são as mesmas do discurso, ou seja, as mesmas que envolvem qualquer ato de comunicação, e podem estar no singular ou no plural:

- **1ª pessoa** (aquele que fala): eu (ou nós);
- **2ª pessoa** (aquele com quem se fala): tu, vós, você, vocês;
- **3ª pessoa** (aquele ou aquilo de que se fala): ele, ela, eles, elas.

Observação

Conforme vimos no Capítulo 8, em várias regiões do Brasil o pronome de tratamento **você** vem sendo empregado no lugar do pronome reto **tu**. Assim, embora **você** desempenhe o papel de 2ª pessoa do discurso — aquele com quem se fala —, gramaticalmente exige o verbo em 3ª pessoa. Veja:

Tu me **amas**.
(2ª pessoa)

Você me **ama**.
(3ª pessoa)

Também é possível encontrar, em algumas regiões do Brasil, o uso do pronome de 2ª pessoa **tu** com o verbo conjugado em 3ª pessoa. Esse uso, não previsto pela gramática normativa, resulta, por exemplo, em frases como:

Tu sempre **amou** a pessoa errada.
(2ª pessoa) (3ª pessoa)

Flexão de modo

Leia esta anedota:

A bicharada resolveu fazer uma grande festa no céu, e, quando o baile estava prestes a começar, descobriram que faltava um violão.

Imediatamente o leão, que era o responsável pelas músicas, virou-se para o bicho-preguiça e ordenou:

— Bicho-preguiça! Vá buscar um violão lá na Terra!

Uma semana se passou e nada de o bicho-preguiça voltar com o instrumento. Muito chateados, os animais se reuniram e foram reclamar com o leão:

— Isso já é demais! Que falta de consideração! — disse um.

— O bicho-preguiça não vale nada! — esbravejou o jacaré.

— Ele não tem palavra — falou a hiena.

Estavam nessa discussão quando, de repente, a porta se abre e surge o bicho-preguiça, com uma cara triste:

— Se vocês continuarem falando mal de mim eu não vou mais!

(Paulo Tadeu. *O melhor do proibido para maiores — Seleção especial de piadas para crianças.* São Paulo: Matrix, 2014. p. 42.)

Compare estas frases do texto:

- "— Imediatamente, o leão [...] **virou-se** para o bicho-preguiça e **ordenou**:"
- "— Se vocês **continuarem** falando mal de mim eu não vou mais!"
- "— **Vá** buscar um violão lá na Terra!"

Observe que as formas verbais **virou-se** e **ordenou** exprimem a noção de **certeza**, de ações que seguramente aconteceram. A forma verbal **continuarem (falando)** exprime apenas a **possibilidade** de os animais continuarem a falar mal do bicho-preguiça; logo, é uma ação possível, mas ainda incerta. Já a forma verbal **vá**, por sua vez, exprime uma **ordem** do leão ao bicho-preguiça.

As formas verbais destacadas exprimem intenções diferentes por parte de quem fala. Na primeira frase, revelam certeza; na segunda, uma possibilidade ou dúvida; na terceira, uma ordem. Essas diferentes maneiras de expressar intenções por meio dos verbos são chamadas de **modos**.

Assim, são três os modos verbais: **indicativo**, **subjuntivo** e **imperativo**.

Indicativo

É o modo da certeza, empregado para indicar algo que, na visão de quem fala, seguramente acontece, aconteceu ou acontecerá:

"Muito chateados, os animais se **reuniram** e **foram** reclamar com o leão."

Subjuntivo

É o modo da hipótese, da possibilidade ou da dúvida, utilizado para indicar que algo pode vir a acontecer. Geralmente é empregado depois de verbos que dão a ideia de ordem, proibição, desejo, vontade, pedido, condição. Veja:

"Se vocês **continuarem** falando mal de mim eu não vou mais!"
Quero que você **faça** o que prevê o regulamento.
Esperamos que vocês **venham** à nossa festa, no domingo.

Imperativo

É o modo no qual se expressa uma ordem, um pedido, um conselho ou uma orientação.

"**Vá** buscar um violão lá na Terra!"

O imperativo pode ser afirmativo ou negativo. O negativo é sempre precedido de uma palavra negativa.

Não **demore** para trazer o violão.

Exercícios

Leia esta tira de Laerte:

(*Folha de S.Paulo*, 24/6/2016.)

1. A tira é composta de quatro quadrinhos e, em cada um deles, há uma situação diferente. Observe os espaços e os balões em cada situação e responda:

a) Onde provavelmente estão os interlocutores em cada um dos quadrinhos?

____

____

b) Deduza: Quem são os interlocutores?

____

2. Observe as formas verbais empregadas em cada um dos balões.

a) Em que modo elas estão?

b) Dependendo da forma e do contexto em que esse modo verbal é empregado, ele pode produzir sentidos diferentes, como pedido, recomendação e ordem. Que sentido é produzido pelas formas verbais empregadas na tira? Justifique sua resposta com base nos elementos verbais e não verbais do texto.

c) Levante hipóteses: De que forma o locutor das falas da tira poderia se dirigir ao interlocutor dele sem parecer autoritário?

3. Como é de praxe, o último quadrinho costuma apresentar o humor das tiras. Explique como se dá a construção do humor na tira lida, levando em conta o emprego dos verbos.

© Laerte/Acervo da cartunista

Flexão de tempo

Leia esta anedota:

Juquinha fez uma redação em que escreveu a palavra "cabeu". A professora achou ruim e lhe deu um castigo:

— Juquinha, hoje você ficará sem recreio para escrever 50 vezes em uma folha a palavra "coube". Assim, você aprenderá o correto.

Quando terminou o exercício, Juquinha viu que havia usado duas folhas. Como a professora havia mandado escrever em uma folha, ele levou uma bronca:

— Juquinha, eu mandei você escrever em uma folha e você me aparece com duas?

— Ah, professora, é que não "cabeu"; em uma folha só!

(Disponível em: https://www.correiobraziliense.com.br/app/noticia/diversao-e-arte/2019/07/15/interna_diversao_arte,770957/piada.shtml. Acesso em: 5/12/2022.)

Jean Galvão/Acervo da editora

1. A anedota é construída em torno de uma questão gramatical: o emprego da forma verbal **cabeu** no lugar de **coube**, recomendada pela norma-padrão. Levante hipóteses: Por que Juquinha teria escrito **cabeu** em vez de **coube**?

2. De que forma a professora decide ensinar ao menino a forma recomendada pela norma-padrão? O método utilizado é eficiente? Justifique sua resposta.

3. A flexão do verbo **caber** é diferente da de outros verbos. Que outros verbos que você conhece também apresentam irregularidades em sua flexão?

4. A anedota faz uso de várias formas verbais que expressam diferentes tempos em que ocorre a ação verbal. Observe algumas delas:

- "Juquinha **fez** uma redação em que **escreveu** a palavra 'cabeu'."
- "— Juquinha, hoje você **ficará** sem recreio [...]. Assim você **aprenderá** o correto."
- "— Juquinha, eu **mandei** você escrever em uma folha e você me **aparece** com duas?".

a) Qual dessas formas verbais expressa uma ação que ocorre no momento em que se fala?

b) Quais dessas formas expressam ações que já ocorreram em relação ao momento em que se fala?

c) E quais delas expressam ações futuras?

No estudo da anedota, você viu que foram empregadas no texto várias formas verbais para expressar noção temporal em relação ao momento em que se fala. Quando a professora diz a Juquinha "você me aparece com duas [folhas]", a forma verbal **aparece** se refere a uma ação que está ocorrendo no momento em que ela fala, ou seja, no **presente**. Quando diz ao menino "eu mandei você escrever em uma folha", a forma verbal **mandei** expressa uma ação que ocorreu antes daquele momento, ou seja, ocorreu no **passado**. E quando diz ao menino "Hoje você ficará sem recreio", a forma verbal **ficará** expressa uma ação que ainda vai ocorrer no **futuro**.

Assim, são três os tempos verbais básicos da língua portuguesa: presente, pretérito (passado) e futuro.

Exercícios

Leia este texto:

Reprodução/<https://separeolixo.wordpress.com/>

(Disponível em: https://separeolixo.files.wordpress.com/2011/07/cartaz_46x64vertical03.pdf. Acesso em: 21/10/2022.)

1. O texto é um anúncio publicitário.

a) Quem é o responsável por sua produção e divulgação?

____

____

b) A quem ele se dirige?

____

c) Qual é sua finalidade principal?

____

____

2. Observe a parte visual do anúncio e relacione-a à parte verbal. De que forma essas duas partes se complementam?

3. Observe o enunciado da parte superior do anúncio. Qual é o modo das formas verbais **mude** e **ajude**?

4. Abaixo da imagem, lemos o seguinte texto:

> "Separar o lixo úmido do seco facilita o trabalho dos catadores. Limpe as embalagens por dentro, retirando toda a sujeira antes de jogar fora. Assim, mais material é aproveitado e reciclado. Você ajuda a gerar renda para quem mais precisa e poupa recursos naturais. Saiba mais no **brasil.gov.br**.
>
> SEPARE O LIXO E ACERTE NA LATA"

Identifique nesse trecho formas verbais:

a) do modo imperativo

b) do presente do indicativo

5. Comparando suas respostas às questões 3 e 4, nota-se o predomínio de um modo verbal.

a) Qual é ele?

b) O que justifica esse predomínio?

6. Na expressão "Separe o lixo e acerte na lata", há o emprego de uma expressão da língua coloquial com ambiguidade.

a) Qual é ela?

b) Que sentidos ela apresenta no contexto?

Leia o texto a seguir e responda às questões 7 a 9.

Ministério da Saúde/Governo Federal

(Disponível em: https://www.prefeitura.sp.gov.br/cidade/secretarias/subprefeituras/upload/penha/Fotos/dengue/dengue%202.png. Acesso em: 12/1/2023.)

7. Considere a situação de produção e responda:

a) Qual é o assunto desse texto?

____

b) E qual é sua finalidade?

____

c) Quem produziu o texto? A quem ele se dirige?

____

8. Observe as formas verbais empregadas no texto.

a) Em que modo está a maioria dessas formas verbais?

____

b) Considerando a finalidade do texto, justifique o emprego desse modo verbal.

____

____

9. Observe esta construção:

"Se você tiver vasos de plantas aquáticas [...]"

Ministério da Saúde/Governo Federal

a) Em que modo está a forma verbal **tiver**?

____

b) Essa forma verbal expressa:

☐ certeza ☐ possibilidade ☐ ordem

10. Observe:

- Ontem eu **fui** ao cinema e vocês também **foram**.
- Amanhã, eu **irei** ao cinema e vocês também **irão**.

Complete as frases, colocando os verbos no passado e depois no futuro, de acordo com a norma-padrão.

a) Ontem, eu ____________ no colégio e eles também ____________. (estar)

Amanhã, eu ____________ no colégio e eles também ____________.

b) Ontem, eu ____________ uma entrevista ao jornal e vocês também ____________. (dar)

Amanhã, eu ____________ uma entrevista ao jornal e vocês também ____________.

c) Ontem, eu ____________ um poema no sarau do colégio e meus colegas também ____________. (dizer)

Amanhã, eu ____________ um poema no sarau do colégio e meus colegas também ____________.

11. Observe:

- Ontem, eu **tive** uma boa surpresa. E você, também **teve**?
- Amanhã, nós **teremos** uma boa surpresa. E vocês, também **terão**?

Complete as frases, colocando os verbos no futuro e no plural, de acordo com a norma-padrão:

a) Ontem, eu **quis** falar com a direção. E você, também **quis**?

Amanhã, ______________________________

b) Ontem, eu **trouxe** todos os livros. E ela, também **trouxe**?

Amanhã, ______________________________

c) Ontem, eu **fiz** toda a lição. E você, também **fez**?

Amanhã, ______________________________

O verbo
NA CONSTRUÇÃO DO TEXTO

Leia este texto do quadrinista argentino Nik:

(*Gaturro 22*. Buenos Aires: Ediciones de La Flor, 2015. p. 56.)

1. O autor faz uma brincadeira com pronomes e com algumas palavras da língua que expressam ação, os **verbos**.

a) Que pronomes foram empregados nos quadrinhos? Como eles se classificam?

b) Que verbo o personagem Gaturro emprega em quase todos os quadrinhos?

2. Observe, nos cinco primeiros quadrinhos, a expressão e os gestos de Gaturro. Responda oralmente: Que relação existe entre o que ele diz e sua expressão facial e seus gestos?

3. O 6º quadrinho provoca uma quebra na sequência de emprego de verbos. O que a frase "Tomara que se cumpra..." expressa?

Para que servem os verbos?

Juntamente com o nome, o verbo é a base da comunicação verbal. Ele está relacionado diretamente com o **ser** e o **fazer** do ser humano no mundo.

Para dizer que alguém faz alguma coisa, empregamos um verbo de ação (por exemplo, "O homem **transforma** o mundo"); para dizer que algo ou alguém está de determinada forma, empregamos um verbo de estado (por exemplo, "O mundo **ficou** aterrorizado com o início da guerra"); para indicar um fenômeno natural, empregamos um verbo que cumpre esse papel (por exemplo, "**Anoiteceu** subitamente hoje").

4. O 7º quadrinho é o ponto culminante do humor da tira. Para construir o humor, o autor se vale de um trocadilho, isto é, de um jogo de palavras.

a) Qual é a palavra que, pela sequência lógica das formas do verbo, era esperada para esse quadrinho? Por quê?

b) Como o trocadilho foi construído?

c) A palavra **amém**, empregada no último quadrinho, tem qual sentido? A que quadrinho ela se relaciona? Por quê?

5. Observe todas as formas verbais empregadas no texto.

a) Em que modo as formas do verbo **amar** foram empregadas?

b) Além do verbo **amar**, que outro verbo é empregado nos quadrinhos? Em que tempo e modo ele foi empregado?

6. A história em quadrinhos é um gênero que tem, entre outras finalidades, a construção do humor. Considerando esse dado, responda: Qual é a importância do verbo na construção da história em quadrinhos lida?

SEMÂNTICA E DISCURSO

Leia este texto de campanha comunitária:

Fundação de Saúde Parreira Horta/Secretaria do Estado da Saúde/Governo do Estado de Sergipe

(Disponível em: https://saude.se.gov.br/campanha/salve-vidas-doe-sangue/. Acesso em: 12/1/2023.)

1. A respeito do texto responda:

a) Qual é o principal objetivo dele?

b) Quais leitores ele pretende alcançar?

c) Que órgãos são responsáveis pela campanha e pela divulgação do texto?

2. Você sabe o que são os grupos sanguíneos A, B, AB e O de fatores RH positivo e negativo? Se sim, troque ideias com os colegas antes de responder.

3. Observe as cores do texto e as figuras que estão no fundo e ao lado do enunciado principal.

a) A que essas figuras se assemelham?

b) Que relação as cores e as figuras têm com o tema central do texto?

O verbo e os gêneros

Como o verbo é um termo essencial da língua, ele está presente em todos os gêneros do discurso que circulam socialmente. Em alguns gêneros, entretanto, essa classe de palavras desempenha um papel ainda mais relevante. É o caso, por exemplo, dos gêneros narrativos ficcionais, como o conto, em que os verbos expressam, no presente ou no passado, as ações dos personagens; dos gêneros instrucionais, como a receita, em que os verbos expressam as ações que devem ser realizadas pelo cozinheiro; ou, ainda, de alguns gêneros argumentativos, como o anúncio publicitário e o texto de campanha comunitária, em que os verbos estimulam o leitor a fazer alguma coisa (consumir, participar, etc.).

4. Agora, observe a parte verbal do texto.

a) Que palavra foi empregada no lugar da palavra **sangue** no texto verbal? Em qual trecho? Em que medida essa substituição reforça a parte não verbal, analisada por você na questão anterior?

b) Nela, há formas verbais no modo indicativo e formas verbais no modo imperativo. Identifique-as.

c) O que explica o predomínio do modo imperativo?

5. O texto de campanha lido faz uso de linguagem figurada, como é comum em textos de campanha e anúncios publicitários em geral. Explique os sentidos da palavra **amor** empregada no texto.

Leia este poema de Sérgio Capparelli:

despertar

O menino escuta
O despertar da manhã.

Alice escova os dentes
Com um novo dentifrício
De sabor menta.

O pai passa pulando,
Atrás de um pé de meia
Ainda no varal.

Os pratos tinem
Na borda da pia,
Na beira do sono.

O menino fecha os olhos
E o gato ronrona.

(*111 poemas para crianças.* 9. ed. Porto Alegre: L&PM, 2008. p.108.)

Biry Sarkis/Acervo da editora

6. O poema retrata uma cena doméstica.

a) Em que momento do dia ocorre a cena? Justifique sua resposta.

____

b) Que personagens participam dessa cena? Que relação pode haver entre eles?

____

____

7. No poema, são empregadas várias formas verbais.

a) Identifique-as.

____

____

____

b) Em que modo e tempo essas formas foram empregadas?

____

____

____

c) Por que o modo e o tempo que mais aparecem no poema são ideais para construir a cena?

____

____

____

8. Os verbos expressam ações dos personagens.

a) Ligue com um traço os personagens a suas respectivas ações:

Alice	• escuta
	• passa
O pai	• escova
	• ronrona
O menino	• fecha
	• tinem
O gato	• pulando

Biry Sarkis/Acervo da editora

b) Observe as associações que fez e responda: O que expressam as ações de Alice e do pai?

c) O que expressam as ações do menino?

d) O que representa o ronronar do gato nessa situação?

Leia agora a tira de Fernando Gonsales:

(*Folha de S.Paulo*, 29/10/2014.)

9. O emprego de verbos na 2ª pessoa do plural (vós) tem sido cada vez mais raro nos dias de hoje e limita-se a alguns textos religiosos, como a *Bíblia*, e alguns textos literários e jurídicos.

a) Levante hipóteses: Por que, no contexto, a personagem teria feito uso de um verbo nessa pessoa?

b) Em virtude do pouco uso, é comum os falantes do português atual terem dúvidas a respeito da flexão dos verbos nessa pessoa. O emprego do verbo **existir** na tira está de acordo com as regras da gramática normativa? Caso sua resposta tenha sido negativa, qual seria a forma esperada, de acordo com a norma-padrão?

10. Como ficaria a segunda frase do primeiro balão da tira se a personagem se dirigisse a Deus:

a) na 2ª pessoa do singular (tu)?

____

b) na 3ª pessoa do singular (você)?

____

11. Observe o 2º e o 3º quadrinhos.

a) Explique a afirmação da personagem no 3º quadrinho: "Amei!".

____

____

b) Explique como se dá a construção de humor na tira.

____

____

____

PARA ESCREVER COM expressividade

Figuras de linguagem

Leia este poema de Elza Beatriz:

Descobertas

O relâmpago é um chicote
que faz gritar o trovão.
Montanhas enrolam ondas
no lençol da paisagem.
O horizonte é a marca
do beijo que nunca acaba
nas bocas da terra e céu.
Serão as águas dos rios
bocados d'água adoçados
do tanque aflito do mar?

(*Caderno de segredos*. São Paulo: FTD, 1999. p. 9.)

Filipe Rocha/Acervo da editora

1. O título do poema é "Descobertas". A que elementos estão relacionadas as descobertas que faz o eu lírico (a voz que fala no poema)? Como ele retrata essas descobertas?

2. O poema é rico em imagens e sons, construídos a partir de alguns recursos de linguagem. Observe estes versos:

"O relâmpago é um chicote
que faz gritar o trovão."

a) Quais são os dois elementos que se aproximam, estabelecendo entre eles uma espécie de comparação implícita?

b) Como ficariam esses versos, caso se quisesse tornar explícita a comparação?

c) Identifique no poema outros versos em que o mesmo recurso foi empregado.

3. No verso "que faz gritar o trovão", houve uma **inversão** da ordem dos termos da oração.

a) Como ficaria esse trecho na ordem direta?

b) Identifique no poema outro trecho também marcado pela inversão e coloque-o na ordem direta.

4. Ainda no verso "que faz gritar o trovão", a palavra **gritar** foi empregada de modo figurado, uma vez que ela geralmente é atribuída a seres que têm voz, como o ser humano e alguns animais.

a) Como você compreende esse verso?

b) Identifique no poema outro trecho em que características próprias de seres humanos ou de seres animados são atribuídas a seres inanimados.

5. A sonoridade do poema advém da repetição de alguns sons consonantais e vocálicos.

a) Identifique no texto as palavras em que é empregado o fonema consonantal /k/.

b) Em que palavras se vê a repetição de fonemas vocálicos nasais /ã/, /ẽ/, /õ/?

Na leitura do poema, você conheceu e analisou algumas estratégias utilizadas para construir sentidos e efeitos variados. Esses recursos são chamados de **figuras de linguagem**.

Figuras de linguagem são recursos linguísticos utilizados na construção de textos com a finalidade de torná-los mais expressivos, isto é, de trabalhar seu estilo por meio do uso de alguns termos e estruturas, em geral com sentidos e formas diferentes do que se vê habitualmente.

As figuras de linguagem são especialmente utilizadas em textos artísticos e literários, mas podem ser encontradas também em diversos outros textos, como anúncios publicitários, tirinhas, anedotas ou mesmo na nossa linguagem cotidiana. A seguir, são conceituadas as figuras de linguagem abordadas no estudo. Além delas, você também conhecerá outras figuras importantes.

Metáfora e comparação

Como você viu, o verso "O relâmpago é um chicote" aproxima os elementos **relâmpago** e **chicote** a partir de uma relação de semelhança, isto é, dá a entender que o barulho da descarga elétrica do relâmpago lembra o estalar de um chicote. Assim, entre os dois elementos, há uma espécie de comparação implícita: "O relâmpago é (*como*) um chicote". Esse recurso é chamado de **metáfora**.

A **comparação** também é a aproximação de dois seres ou itens pela semelhança, atribuindo-se, a um, características do outro. Na comparação, entretanto, diferentemente da metáfora, sempre aparecem, no texto, termos comparativos, entre eles **como**, **tal qual**, **semelhante a**, **que nem**. Por exemplo, a metáfora "O relâmpago é um chicote" se tornaria uma comparação se fosse construída, por exemplo, da seguinte forma: "O relâmpago é como um chicote", ou "O relâmpago é que nem um chicote".

Veja outros exemplos de metáforas:

Sou um guardador de rebanhos.
O rebanho é os meus pensamentos
e os meus pensamentos são todos sensações.

(Fernando Pessoa/Alberto Caeiro. "O guardador de rebanhos".)

Jean Galvão/Acervo da editora

Inversão ou hipérbato

Considera-se que há **inversão** ou **hipérbato** quando os termos da frase são colocados em uma sequência diferente da que se vê habitualmente no português do Brasil. É o caso, por exemplo, dos fragmentos "[chicote] que faz gritar o trovão" e "Serão as águas dos rios bocados d´água [...]". Também há inversão nestes versos:

cocal dos alves_pi

nos campos onde pastam
bois e cabras persiste
o caminhar do tempo
ruminando o desdobrar
da existência
[...]

(Adriano Lobão Aragão. *Destinerário*. Teresina: Desenredos, 2019. p. 101.)

Aliteração e assonância

Aliteração é a figura de linguagem formada a partir da repetição de um mesmo som consonantal.

Como você viu no estudo do poema "Descobertas", de Elza Beatriz, há aliteração do fonema /k/ em palavras como **chicote**, **que**, **marca**, **nunca**, **acaba**, **boca** e **bocados**.

Agora, veja as aliterações dos fonemas /s/, /p/ e /k/ neste poema de Paulo Leminski:

sintonia para pressa e presságio

Escrevia no espaço.
Hoje, grafo no tempo,
na pele, na palma, na pétala,
luz do momento.
Soo na dúvida que separa
o silêncio de quem grita
do escândalo que cala,
no tempo, distância, praça,
que a pausa, asa, leva
para ir do percalço ao espasmo.

Eis a voz, eis o deus, eis a fala,
eis que a luz se acendeu na casa
e não cabe mais na sala.

(*Toda poesia*. São Paulo: Companhia das Letras, 2012. p. 251.)

Biry Sarkis/Acervo da editora

Assonância é a repetição de fonemas vocálicos, orais ou nasais. Como você viu, no poema "Descobertas" há a assonância de fonemas vocálicos nasais em palavras como **relâmpago**, **montanhas**, **enrolam**, **ondas**, **lençol**, **horizonte**, etc.

Também há assonância neste poema de José Paulo Paes, que repete o fonema vocálico /a/:

Raridade

A arara
é uma ave rara
pois o homem não para
de ir ao mato caçá-la
para a pôr na sala
em cima de um poleiro
onde ela fica o dia inteiro
fazendo escarcéu
porque já não pode voar pelo céu.

E se o homem não para
de caçar arara,
hoje uma ave rara,
ou a arara some
ou então muda seu nome
para arrara.

(*Olha o bicho*. São Paulo: Ática, 1989.)

Erika Kirkpatrick/Shutterstock

› Arara-azul.

Personificação ou prosopopeia

Considera-se que haja **personificação** ou **prosopopeia** quando se atribui linguagem, sentimentos e/ou ações próprios de seres humanos a seres inanimados ou irracionais. Como você viu, no poema "Descobertas", de Elza Beatriz, há personificação em "chicote / que faz gritar o trovão" e "Montanhas enrolam ondas".

Também há personificação nestes versos de Paulo Leminski:

A lua foi ao cinema,
passava um filme engraçado,
a história de uma estrela
que não tinha namorado.

("A lua no cinema". *In*: *Toda poesia*. São Paulo: Companhia das Letras, 2013. p. 199.)

Metonímia

É a figura de linguagem que consiste na substituição de uma palavra por outra em razão de haver entre elas uma relação de interdependência, de contiguidade, de proximidade ou familiaridade.

A metonímia ocorre quando empregamos:

- a parte no lugar do todo:

Os sem-**teto** estão negociando com a Prefeitura o uso de um imóvel abandonado.

(O teto é uma parte da casa. A expressão *sem-teto* quer dizer "sem casa".)

- o efeito no lugar da causa:

Estão destruindo o **verde** de nosso país.

(Verde é o efeito da ação da natureza; o locutor se refere à destruição do meio ambiente.)

- o continente no lugar do conteúdo:

João quer ser chefe de cozinha; por isso se esmera na preparação de **pratos** nacionais e internacionais.

(Prato é o continente, o que contém a comida; João prepara a comida, que é servida em pratos.)

- a marca no lugar do produto:

Nunca lave vidros com **bombril**.

(Bombril é uma marca de palha de aço; o locutor se refere a palha de aço em geral.)

- o nome do autor no lugar do nome da obra:

Ouvir **Djavan** é conhecer um pouco de MPB.

(Djavan é o cantor; o que ouvimos são canções cantadas por ele.)

- o singular no lugar do plural:

A **mulher** historicamente tem ganhado menos do que o **homem**.

(Não se trata de uma mulher ou de um homem especificamente, mas de todas as mulheres e de todos os homens.)

- o abstrato no lugar do concreto:

O **ódio** mata mais sete pessoas em conflitos raciais na África.

(O ódio, que é algo abstrato, está empregado no lugar de pessoas que odeiam.)

- o local no lugar do produto característico dele:

Eu quero ir a um **italiano**!

(Restaurante de culinária italiana.)

A metonímia nas ruas

Zoart Studio/Shutterstock

Imagine que um motorista esteja a 120 km/h e tenha de ler uma placa com os dizeres: "Reduza a velocidade. Travessia de pedestres na estrada". Nessa velocidade, o motorista certamente não conseguiria ler toda a placa.

Em situações como essa e muitas outras — sinalização em aeroportos, restaurantes, guias de cidades ou turísticos, etc. —, costuma-se empregar sinais que permitem uma comunicação rápida. Essa é a finalidade de alguns desenhos figurativos estilizados, que funcionam como uma espécie de escrita sintética, como talheres para indicar restaurante, telefone para indicar telefone público, uma xícara para indicar lanchonete, etc. A base desses desenhos, chamados **pictogramas**, é a **metonímia**.

XArtProduction/Shutterstock

› Caminhões presos no trânsito e placa indicando reparos na via.

Hipérbole

Leia estes versos de um poema de Carlos Queiroz Telles:

Truques e táticas

Meu último amor eterno
acabou antes de ontem.

Que sofrimento do cão!
Depois de tanta paquera,
beijo e abraço,
carinho e amasso,
carta e até presente...
ele me joga na cara
que não há mais nada
entre a gente,
que está tudo acabado
Mas isso não fica assim!

Eu vou partir para a luta,
eu vou virar uma fera,
eu vou deixar ele louco,
arrependido, arrasado,
doido, babando, pirado,
implorando o meu perdão!
[...]

(*Sonhos, grilos e paixões*. 6. ed. São Paulo: Moderna, 1990. p. 44-45.)

Filipe Rocha/Acervo da editora

Nesses versos, o eu lírico fala de seu sofrimento por causa da separação amorosa. Demonstrando sentir raiva da pessoa amada, ele enfatiza e até exagera em algumas expressões, como "sofrimento do cão", "vou virar uma fera", "vou deixar ele [...] doido, babando, pirado".

O exagero na linguagem, quando tem a finalidade de destacar ou enfatizar uma ideia, denomina-se **hipérbole**.

Hipérbole é a figura de linguagem que consiste em expressar uma ideia com exagero, a fim de enfatizá-la ou destacá-la.

Antítese

A presença de ideias opostas lado a lado em um texto constrói a figura de linguagem denominada **antítese**. Leia estes versos do poema "O navio negreiro", de Castro Alves, nos quais se descreve como eram os negros antes, livres na África, e como estão naquele momento, no porão de um navio negreiro, escravizados, sendo trazidos para o Brasil.

São os filhos do deserto,
Onde a terra esposa a luz.
Onde vive em campo aberto
A tribo dos homens nus...
São os guerreiros ousados
Que com os tigres mosqueados
Combatem na solidão.
Ontem simples, fortes, bravos.
Hoje míseros escravos,
Sem luz, sem ar, sem razão...

(Disponível em: http://www.dominiopublico.gov.br/download/texto/bv000068.pdf. Acesso em: 28/3/2023.)

GUDKOV ANDREY/Shutterstock

> Grupo de homens da tribo Himba, no deserto da Namíbia, na África, 2018.

Eufemismo

Algumas palavras, quando empregadas em determinados contextos, são consideradas desagradáveis. Isso por expressarem uma ideia muito negativa ou por chocarem o ouvinte. Fazer referência à morte, por exemplo, apresenta sempre alguma dificuldade. Por isso, muitas pessoas substituem a palavra **morte** por outras mais suaves, mais delicadas, que, embora deem a mesma informação, causam menos impacto.

Veja como Álvares de Azevedo, poeta do século XIX, em um trecho do poema "Lembrança de morrer", se refere à própria morte:

Quando em meu peito rebentar-se a fibra,
Que o espírito enlaça à dor vivente,
Não derramem por mim nem uma lágrima
Em pálpebra demente.

(*Lira dos vinte anos*. Disponível em: http://www.dominiopublico.gov.br/download/texto/ua00025a.pdf. Acesso em: 28/3/2023.)

As formas mais suaves e delicadas empregadas para transmitir ideias consideradas desagradáveis ou chocantes são chamadas de **eufemismos**.

Eufemismo é o emprego de palavra ou expressão mais suave no lugar de outra considerada desagradável ou chocante.

Exercícios

Leia esta tira de Bill Watterson:

(Disponível: https://cultura.estadao.com.br/galerias/geral,20-tiras-de-calvin-e-haroldo-para-refletir-sobre-a-vida-e-sobre-o-mundo,28507. Acesso em: 27/10/2022.)

1. Na tira, Calvin faz uso do conceito de metáfora.

a) Para ele, por que fazer malabarismo com ovos é "uma metáfora da vida"?

b) Por que ele escolhe justamente ovos para fazer malabarismo?

c) A que "aspectos da vida" ele está fazendo referência? Dê exemplos.

d) Você concorda com o ponto de vista de Calvin? Por quê?

2. Observe o último quadrinho.

a) Explique o comentário de Haroldo, o tigre.

b) Com o fracasso do malabarismo, Calvin desistiu de seu propósito?

c) Explique a relação entre a postura de Calvin nesse quadrinho e a construção de humor da tira.

3. Com relação às linguagens verbal e não verbal da tira:

a) Interprete a fala de Haroldo no sentido literal e no sentido metafórico, relacionando esses dois sentidos às partes verbal e não verbal.

b) Responda: Com base no conceito de metáfora explicado por Calvin no 2º quadrinho, é possível afirmar que o último quadrinho é uma metáfora visual? Por quê?

4. Crie comparações a partir dos pares de palavras abaixo. Utilize um elemento comparativo expresso, como no exemplo:

> livro — joia
> Este livro é valioso como uma joia.

Richard Bailey/Getty Images

a) pessoa maldosa — cobra

b) trânsito — caos

c) férias — válvula de escape

5. Construa metáforas a partir das comparações que você criou no exercício anterior.

6. Reconheça as figuras de linguagem presentes nestes versos:

a)

Negro cárcere da morte
Branco cárcere da dor
Luz e sombra da alvorada...
A voz amada chamou!

(Vinícius de Morais, "Balada de Pedro Nava".)

b)

"Amigo" é uma grande tarefa,
um trabalho sem fim,
um espaço útil, um tempo fértil,
"amigo" vai ser, é já uma grande festa!

(Alexandre O'Neill, "Amigo".)

A metáfora e a metonímia na linguagem publicitária

A linguagem publicitária frequentemente emprega a metáfora e a metonímia. No folheto ao lado, da entidade Todos pela Educação, que luta pela melhoria da qualidade da educação brasileira, o caderno (metonímia dos estudos), com as cores da bandeira brasileira, sugere que toda a nação (metonímia) deve se comprometer com essa causa. Os lápis, metonimicamente, também sugerem a tarefa de educar com qualidade todas as crianças e os jovens brasileiros. Quando lançado, em 2006, Todos pela Educação propôs que cinco metas básicas para a educação fossem alcançadas até o ano de 2022.

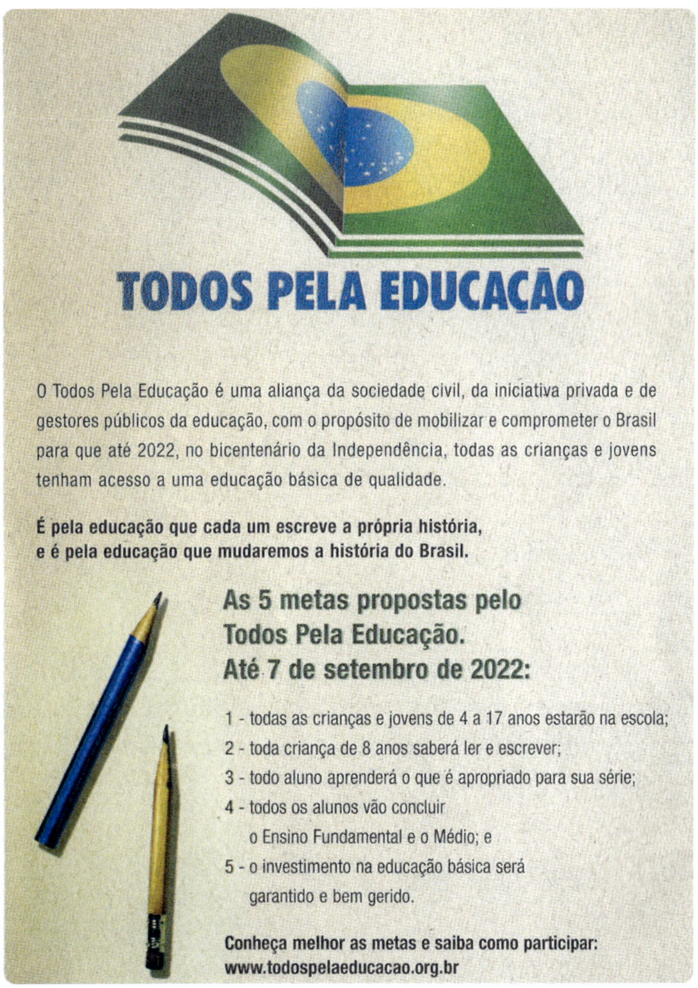

(Disponível em: https://todospelaeducacao.org.br/. Acesso em: 28/3/2023.)

7. Leia este anúncio:

Reprodução/Unicamp.2010

A parte verbal do anúncio é propositalmente ambígua.

a) Qual é a expressão que muitos brasileiros usam para denominar, de forma brincalhona, o dicionário?

____

____

b) Quais são os sentidos do enunciado no contexto?

____

____

8. Algumas palavras e expressões, como a palavra **burro**, podem soar grosseiras e até agressivas em alguns contextos. Reescreva as frases a seguir empregando eufemismos, a fim de transmitir de forma mais polida a mesma ideia.

a) Você fez uma péssima prova!

____

____

b) Seu vizinho é um selvagem, um animal.

c) Todos sabiam que o prefeito eleito era um ladrão.

d) Aquela loja rouba os clientes.

9. Leia esta tira de Laerte:

(*Folha de S.Paulo*, 25/6/2017.)

A tira está organizada em cinco quadrinhos. Observe os quatro primeiros.

a) Que relação existe entre a imagem e a palavra de cada quadrinho?

b) Essa relação é o que caracteriza uma figura de linguagem. Qual é ela?

10. Como é comum nas tiras, o humor se concentra no último quadrinho.

a) De que resulta o humor desse quadrinho e da tira como um todo?

b) Que apreciação sobre o gato está subentendida na tira?

DIVIRTA-SE

CAPÍTULO 10

O verbo na oração e no período – período simples e período composto

Construindo o conceito

Leia este texto de campanha:

Foto: Victor Chahin/© SOS Mata Atlântica

(Disponível em: https://br.linkedin.com/posts/funda%C3%A7%C3%A3o-sos-mata-atlantica_vote-pelo-meio-ambiente-activity-6988602921374367744-B83w. Acesso em: 5/12/2022.)

1. O texto faz parte de uma campanha.

a) Que entidade é responsável pela campanha?

____

b) Qual é objetivo do texto?

____

c) A quem ele se destina?

____

2. Visualmente, o texto foi dividido em duas partes.

a) Descreva cada uma dessas partes.

____

____

____

____

____

b) O que essas partes representam?

____

3. Observe o logotipo da entidade responsável pela campanha.

a) Que semelhança há entre o logotipo e a imagem que compõem o texto?

____

____

____

____

SOS MATA
ATLÂNTICA

Reprodução/SOS Mata Atlântica

b) Deduza: Qual é o objetivo dessa entidade?

____

____

____

____

____

4. O principal enunciado do texto é "O futuro do Brasil e da Mata Atlântica está em jogo!".

a) O que significa a expressão "está em jogo"?

b) Sabendo-se que o texto foi divulgado em época de eleições no Brasil, que novo sentido ganham a imagem e o enunciado verbal?

5. Observe a estrutura do enunciado principal do texto:

"O futuro do Brasil e da Mata Atlântica está em jogo!"

a) Quantos verbos a frase tem?

b) Quantos pontos (ponto, ponto de interrogação ou ponto de exclamação) ela apresenta?

c) Qual é o tema principal dessa frase, ou seja, sobre quem ou o quê se fala?

d) Por que a forma verbal **está** foi empregada no singular?

Conceituando

Ao responder às questões anteriores, você percebeu que a frase "O futuro do Brasil e da Mata Atlântica está em jogo!" é um enunciado de sentido completo e que é concluída com um ponto de exclamação. Viu também que ela apresenta um único verbo. As frases que apresentam verbos são chamadas de **frases verbais**, e as frases que não apresentam verbos — como "Silêncio!" "Cuidado", "Em obras", etc. — são chamadas de **frases nominais**.

Enquanto as frases podem ou não conter formas verbais, as orações e os períodos são necessariamente organizados por, ao menos, um verbo.

Veja a diferença entre os conceitos de frase, oração e período:

Frase é uma unidade linguística que pode ou não apresentar verbo.

Oração é uma unidade linguística que contém um verbo.

Período é uma unidade linguística que contém um ou mais verbos. É **simples** quando contém um verbo e **composto** quando contém dois ou mais verbos.

A frase "O futuro do Brasil e da Mata Atlântica **está** em jogo!" apresenta um único verbo e, por isso, contém uma única oração. Por essa razão, é considerada um **período simples**. Compare agora essa frase com esta outra:

O futuro do Brasil e da Mata Atlântica **está** em jogo e **depende** de você.

Na frase acima, há um período formado por duas orações, uma vez que há duas formas verbais. Logo, trata-se de um **período composto**. Observe que as duas orações são ligadas pelo conectivo **e** e são sintaticamente independentes. Por essa razão, o período é chamado de **período composto por coordenação**.

Agora, veja este outro enunciado:

No próximo domingo, **lembre** que o futuro do Brasil e da Mata Atlântica **está** em jogo!

Nesse caso, o enunciado também apresenta duas orações, mas a segunda oração complementa a forma verbal **lembre**, da primeira oração. Logo, elas são sintaticamente dependentes entre si. Nesse caso, temos um **período composto por subordinação**.

Em resumo, compare as três situações:

"O futuro do Brasil e da Mata Atlântica **está** em jogo!"
uma forma verbal → período simples

O futuro do Brasil e da Mata Atlântica **está** em jogo | e **depende** de você.
formas verbais independentes → período composto por coordenação

No próximo domingo, **lembre** | que o futuro do Brasil e da Mata Atlântica **está** em jogo!
forma verbal da oração principal
forma verbal → oração subordinada ao verbo da oração principal

Como é o responsável por estruturar a oração, o verbo também contribui para determinar os demais elementos da oração que o acompanham. Ao mesmo tempo, sua forma é determinada por eles. Observe e compare:

"O futuro do Brasil e da Mata Atlântica **está** em jogo!"

O Brasil e a Mata Atlântica **estão** em jogo!

O futuro do Brasil e da Mata Atlântica **depende** de você!

O Brasil e a Mata Atlântica **dependem** de você!

No primeiro enunciado, o verbo está na 3ª pessoa do singular por estar em concordância com a palavra **futuro**, substantivo no singular. Já no segundo enunciado, a forma verbal **estão** está na 3ª pessoa do plural porque concorda com dois substantivos: **Brasil** e **Mata Atlântica**. O mesmo ocorre no segundo par de frases: no terceiro enunciado, a forma **depende** está na 3ª pessoa do singular porque concorda com a palavra **futuro**, ao passo que no quarto enunciado a forma **dependem** está na 3ª pessoa do plural, conforme a desinência número-pessoal **-em**, marca dessa pessoa, porque concorda com "O Brasil e a Mata Atlântica".

Exercícios

Leia um trecho de uma crônica de Antonio Prata, do qual foram omitidas algumas formas verbais:

______________ a imensa felicidade de lhes contar que, no último domingo, ________________ 500 g de linguiça, meia dúzia de asas de frango, um quilo de chorizo e outro de picanha na bancada da cozinha.

O mérito não ____ meu, mas dos engenhosos inventores da churrasqueira portátil que, no site da empresa e no vídeo do YouTube, ________________ brasa sem fumaça. A ideia é tão simples quanto genial. O carvão fica numa grade cilíndrica no centro de uma tigela de metal e a grelha é disposta em torno do cilindro, de forma que a gordura não cai na brasa, mas no fundo da tigela.

Para a estreia chamei meu pai, meu irmão, minha irmã, cunhado, cunhada, sobrinha, tio e avó. Acendi o carvão, coloquei as carnes e a família toda se aglomerou atrás de mim, em reverencioso silêncio. Durante dez minutos ________________ ali, admirando a brasa, enfeitiçados como Moisés diante da sarça flamejante. De fato, nada de fumaça.

Após dez minutos, porém, quando a gordura começou a acumular no fundo da tigela, labaredas passaram a surgir do braseiro como pequenas explosões solares. ___________ três asinhas de frango, todos os pelos do braço direito e gritei para ________________ as crianças da cozinha. Depois, para tirarem da sala — embora já não as visse através da fumaça, sabia que ___________________ ali por causa das tosses.

Apesar do nevoeiro [...], o churrasco ___________ excelente, de modo que todos os presentes decidimos lidar com o detalhe da neblina da maneira como qualquer família normal lida com um assunto difícil: silenciando-o. "Incrível como não _______ fumaça", disse meu pai, em meio a um cumulunimbus. "Nenhuma!", ________________ meu tio — ou meu cunhado, não dava pra enxergar direito."

(Disponível em: https://www1.folha.uol.com.br/colunas/antonioprata/2019/06/nas-nuvens.shtml. Acesso em: 28/10/2022.)

Biry Sarkis/Acervo da editora

1. A seguir estão as formas verbais extraídas do trecho.

grelhei	estavam	é	perdi	ficamos	prometem
faz	tirarem	tenho	ficou	comemorou	

a) Complete as lacunas com as formas verbais adequadas, levando em conta não apenas o sentido do texto, mas também as demais palavras às quais cada verbo se liga na oração.

b) Explique: Para fazer uma atividade como a solicitada no item **a**, por que é importante considerar as demais palavras às quais os verbos se ligam no texto?

___

___

___

___

Releia estes trechos e responda às questões 2 e 3.

- "O carvão fica numa grade cilíndrica no centro de uma tigela de metal e a grelha é disposta em torno do cilindro [...]."
- "[...] quando a gordura começou a acumular no fundo da tigela, labaredas passaram a surgir do braseiro como pequenas explosões solares."

2. Observe como se estruturam os dois trechos lidos.

a) Identifique as formas verbais presentes em cada um deles.

___

___

b) Entre esses trechos, um é período composto por coordenação e o outro, por subordinação. Troque ideias com os colegas e o professor: Em qual deles as orações são independentes entre si (coordenação)? E em qual deles as orações são interdependentes sintaticamente (subordinação)? Justifique sua resposta.

3. Agora, observe o sentido dos trechos lidos.

a) Entre as opções a seguir, qual indica o tipo de relação estabelecida pelas orações do período composto por coordenação?

☐ oposição ☐ adição ☐ conclusão ☐ explicação

b) Entre as opções a seguir, qual indica o tipo de relação estabelecida pelas orações do período composto por subordinação?

☐ condicional ☐ comparativa ☐ temporal ☐ causal

4. As frases a seguir foram extraídas do texto. Associe-as às suas classificações, de acordo com estes códigos:

FN – frase nominal | FV – frase verbal

PS – período simples | PC – período composto

[ ] "a gordura não cai na brasa, mas [cai] no fundo da tigela."

[ ] "Para a estreia chamei meu pai, meu irmão, minha irmã, cunhado, cunhada, sobrinha, tio e avó."

[ ] "Acendi o carvão, coloquei as carnes e a família toda se aglomerou atrás de mim, em reverencioso silêncio."

[ ] "De fato, nada de fumaça."

[ ] "'Nenhuma!'"

5. Releia o trecho a seguir.

"[...] todos os presentes decidimos lidar com o detalhe da neblina da maneira como qualquer família normal lida com um assunto difícil: silenciando-o."

a) Trata-se de período simples ou composto? Justifique sua resposta.

b) Em que pessoa e número está conjugada a forma verbal **decidimos**?

c) No texto, a forma verbal **decidimos** se refere à expressão "todos os presentes", que está na 3ª pessoa do plural. Troque ideias com os colegas e o professor e levante hipóteses: Por que a concordância do verbo foi feita dessa forma no trecho?

d) Essa frase traz algum efeito de humor para o texto, pois contém uma afirmação inesperada sobre como "qualquer família normal" lida com um "assunto difícil". Segundo o texto, o que ocorre nessa situação? Explique por que essa afirmação é inesperada no contexto.

Período simples e período composto
NA CONSTRUÇÃO DO TEXTO

Você vai ler a seguir minicontos produzidos por quatro autores brasileiros a partir de um desafio proposto pelo escritor Marcelino Freire, no qual pedia a outros escritores que lhe enviassem histórias inéditas escritas com no máximo 50 letras.

I.

VIGÍLIA

Pronto nos olhos,
o pranto só espera a notícia.
(João Anzanello Carrascoza, p. 38)

II.

A DÍVIDA

Mata o pai,
arromba o cofre,
só uma caixa vazia.
(José Castello, p. 45)

Biry Sarkis/Acervo da editora

III.

TERRORES NOTURNOS

Abriu os olhos, pulou da cama,
correu até a porta: trancada.
(Paloma Vidal, p. 75)

IV.

Fechou os olhos
e ficou invisível.
(Tony Monti, p. 95)

1. Sobre o miniconto "Vigília":

a) Qual é a notícia esperada?

____

____

b) Qual é a importância do título para a compreensão do enredo?

____

____

____

____

2. A respeito do miniconto "A dívida", responda:

a) Sobre o que é a história desse texto?

____

____

b) Levante hipóteses: Qual é a relação do título com a história?

c) Reescreva a última linha do miniconto, inserindo uma forma verbal que esteja de acordo com o sentido do texto.

3. "Terrores noturnos" põe em dúvida o que é sonho e o que é realidade. De que modo isso se dá no miniconto?

4. Apenas um dos minicontos não tem título. Sugira um título para esse texto, tendo em vista a história que ele conta.

5. Observe a estrutura de cada um dos minicontos.

a) Qual deles é o único composto apenas de um período simples? Justifique sua resposta.

b) Quais deles são períodos compostos cujas orações são separadas apenas por vírgulas?

c) Qual deles é um período composto cujas orações são separadas por uma única palavra? Identifique essa palavra.

d) Qual das relações a seguir é estabelecida entre as orações pela palavra identificada por você no item **c**?

☐ oposição ☐ conclusão ☐ adição

6. Períodos compostos de orações que não dependem sintaticamente entre si são denominados **períodos compostos por coordenação**.

a) Qual dos minicontos tem o maior número de orações coordenadas? Justifique sua resposta.

b) Compare-o aos demais, troque ideias com os colegas e o professor e conclua: Que efeito de sentido a intercalação de orações coordenadas constrói em textos como esse?

SEMÂNTICA E DISCURSO

Leia esta tirinha:

(Disponível em: http://bichinhosdejardim.com/wp-content/uploads/2019/01/bdj-190105-web.jpg. Acesso em: 28/10/2022.)

1. O nome dessa série de tirinhas é "Mãe Joana" e a personagem principal é Maria João Cascudo, uma joaninha geniosa e mal-humorada, segundo sua criadora, a quadrinista Clara Gomes. Esta é a Joaninha em sua aparência costumeira:

© Clara Gomes/Acervo da cartunista

a) Observe os elementos não verbais da tirinha: Como é composto o cenário e o que há de diferente na aparência de Maria João?

b) Qual é o significado usual da expressão "casa da mãe joana" no Brasil? Se necessário, faça uma pesquisa para descobrir.

c) Estabeleça relações entre o nome dado a essa série de tirinhas, a expressão mencionada no item **b** e o papel de Maria João no texto para concluir: Que efeito de sentido o uso desse nome constrói?

2. O título da tirinha em estudo é composto de duas frases.

a) Identifique, na tirinha, qual é o título e classifique essas frases em verbais e nominais.

b) Qual das frases do título se dirige diretamente ao leitor? Justifique sua resposta.

3. Agora, releia a parte verbal da tirinha.

a) Divida as falas dos três balões em duas frases.

b) Identifique as formas verbais de cada uma das frases criadas por você no item **a**. Trata-se de períodos simples ou compostos?

4. Observe as formas verbais utilizadas nos dois primeiros balões.

© Clara Gomes/Acervo da cartunista

a) Em que modo verbal elas estão conjugadas? O que esse modo verbal indica?

b) Os textos que costumam usar esse modo verbal em geral têm qual finalidade?

c) Identifique, no último quadrinho, a expressão que equivale a esse modo verbal, justificando sua resposta.

5. A expressão "Simpatia pra começar bem o ano!", utilizada no título, cria expectativa no leitor.

a) Qual é o sentido da palavra **simpatia** nesse contexto? Que expectativa, portanto, é criada no leitor?

b) Pode-se considerar que essa expectativa é confirmada no começo da tirinha? Justifique essa afirmação.

c) Em qual dos quadrinhos essa expectativa é quebrada?

d) A quebra da expectativa do leitor é um dos recursos utilizados para a construção de humor. Que elemento da fala da joaninha faz quebrar a expectativa inicial? Justifique sua resposta.

DIVIRTA-SE

(Disponível em: https://bichinhosdejardim.com/telefonema-amigo/. Acesso em: 31/1/2023.)

BIBLIOGRAFIA

ANTUNES, Irandé. *Aula de português*: encontro & interação. São Paulo: Parábola, 2003.

AZEREDO, José Carlos. *Iniciação à sintaxe do português*. 9. ed. Rio de Janeiro: Zahar, 2007.

BAGNO, Marcos. *Preconceito linguístico*: o que é, como se faz. 2. ed. São Paulo: Loyola, 1999.

BAGNO, Marcos. *Português brasileiro*: um convite à pesquisa. São Paulo: Parábola, 2001.

BAGNO, Marcos. *Gramática de bolso do português brasileiro*. São Paulo: Parábola, 2013.

BAKHTIN, Mikhail. *Marxismo e filosofia da linguagem*. São Paulo: Hucitec, 1979.

BECHARA, Evanildo. *Moderna gramática portuguesa*. 37. ed. Rio de Janeiro: Lucerna, 2000.

BRASIL. Ministério da Educação. *Base Nacional Comum Curricular*. Brasília: MEC, 2018.

CUNHA, Celso. *Gramática da língua portuguesa*. Rio de Janeiro: MEC/Fename, 1972.

FÁVERO, Leonor; KOCH, Ingedore G. V. *Linguística textual*. 2. ed. São Paulo: Cortez, 1988.

FIORIN, José Luiz. *Elementos da análise do discurso*. 5. ed. São Paulo: Contexto/Edusp, 1996.

FRANCHI, Carlos; NEGRÃO, Esmeralda V.; MÜLLER, Ana L. *Mas o que é mesmo "gramática"?*. São Paulo: Parábola, 2006.

HOUAISS, Antonio. *Dicionário eletrônico da língua portuguesa 1.0*. São Paulo: Objetiva, 2013.

ILARI, Rodolfo. *A linguística e o ensino da língua portuguesa*. 4. ed. São Paulo: Martins Fontes, 1992.

ILARI, Rodolfo. *Introdução à semântica*: brincando com a gramática. São Paulo: Contexto, 2001.

ILARI, Rodolfo. *Introdução ao estudo do léxico*: brincando com as palavras. São Paulo: Contexto, 2002.

ILARI, Rodolfo; BASSO, Renato. *O português da gente: a língua que estudamos, a língua que falamos*. São Paulo: Contexto, 2006.

ILARI, Rodolfo; GERALDI, J. W. *Semântica*. 3. ed. São Paulo: Ática, 1987.

KOCH, Ingedore G. V.; TRAVAGLIA, Luiz C. *A coerência textual*. São Paulo: Contexto, 1991.

KOCH, Ingedore G. V.; TRAVAGLIA, Luiz C. *Texto e coerência*. 4. ed. São Paulo: Cortez, 1995.

MENDONÇA, Márcia. Análise linguística no ensino médio: um novo olhar, um outro objeto. *In*: BUNZEN, Clecio; MENDONÇA, Márcia. *Português no ensino médio e formação do professor*. São Paulo: Parábola, 2006. p. 199-226.

NEVES, Maria Helena de Moura. *A gramática*: história, teoria e análise, ensino. São Paulo: Editora Unesp, 2002.

NEVES, Maria Helena de Moura. *Gramática de usos do português*. São Paulo: Editora Unesp, 2011.

NEVES, Maria Helena de Moura. *Guia de uso do português*: confrontando regras e usos. São Paulo: Editora Unesp, 2003.

NEVES, Maria Helena de Moura. *Texto e gramática*. São Paulo: Contexto, 2006.

NEVES, Maria Helena de Moura. *A gramática do português revelada em textos*. São Paulo: Editora Unesp, 2018.

PERINI, Mário A. *Para uma nova gramática do português*. 3. ed. São Paulo: Ática, 1986.

PERINI, Mário A. *Gramática descritiva do português*. 2. ed. São Paulo: Ática, 1996.

SOUZA e SILVA, M. C.; KOCH, Ingedore G. V. *Linguística aplicada ao português*: sintaxe. 7. ed. São Paulo: Cortez, 1996.

TRAVAGLIA, Luiz Carlos. *Gramática*: ensino plural. São Paulo: Cortez, 2003.

TRAVAGLIA, Luiz Carlos. *Gramática e interação*: uma proposta para o ensino de gramática. São Paulo: Cortez, 2005.

TRAVAGLIA, Luiz Carlos *et al*. *Metodologia e prática do ensino da língua portuguesa*. 2. ed. Porto Alegre: Mercado Aberto, 1986.

VIEIRA, Sílvia R.; BRANDÃO, Silvia F. *Ensino de gramática*: descrição e uso. São Paulo: Contexto, 2007.

VYGOTSKY, L. S. *Pensamento e linguagem*. São Paulo: Martins Fontes, 1993.